害怕工作的理由

[日本] 坂仓升平 著

钱爱琴 译

译林出版社

图书在版编目（CIP）数据

害怕工作的理由 /（日）坂仓升平著 ；钱爱琴译 .
南京 ：译林出版社，2025. 8. --（译见丛书）.
ISBN 978-7-5753-0765-9

Ⅰ . D731.382

中国国家版本馆 CIP 数据核字第 2025ZJ0966 号

著作权合同登记号　图字：10-2023-108号

害怕工作的理由　[日本] 坂仓升平 / 著　钱爱琴 / 译

责任编辑　张海波
插图作者　计淳嘉
装帧设计　薛顾璨
校　　对　戴小娥
责任印制　董　虎

原文出版　讲谈社，2021
出版发行　译林出版社
地　　址　南京市湖南路 1 号 A 楼
邮　　箱　yilin@yilin.com
网　　址　www.yilin.com
市场热线　025-86633278
排　　版　南京展望文化发展有限公司
印　　刷　苏州市越洋印刷有限公司
开　　本　880 毫米 ×1240 毫米　1/32
印　　张　7.625
插　　页　2
版　　次　2025 年 8 月第 1 版
印　　次　2025 年 8月第 1 次印刷
书　　号　978-7-5753-0765-9
定　　价　55.00 元

目录

序　言

近年来，涉及“成年人的霸凌”的案件数量正不断增加。

谈到“霸凌”，我们一般会想到主要以学校为舞台的、欺凌者和受害者均为学生的情况。

而说起“成年人的霸凌”，我们脑海里又会浮现出什么呢？乡下的村落社会、亲戚间的交往、近邻间的交往、PTA（Parent-Teacher Association，家长教师协会）……也许还有人会想到网络社交平台上掀起的对知名人士的攻击。这就告诉我们，即便是成年人之间，也会在各种场所或组织内发生霸凌现象。

在本书中，笔者将主要聚焦于“成年人的霸凌”中的“职场霸凌”现象。

近年来（在日本），让人们意识到职场霸凌之严重性的，大概要数神户市立东须磨小学的事件了吧。

在这起事件中，四名教员以同事中的一名二十几岁的男性教员为主要攻击对象，强迫其吃超辣咖喱、将其关在校内放置杂物的小屋内、以职业摔跤比赛中的招式对其实施攻击等。经调查委员会调查，认定在这起案件中有多达125种欺凌行为。现列举其中部分行为如下：

※ 对受害教员使用“渣滓、废物、滚、去死、恶心、无用的家伙、蠢货、粪便、秃子”之类的辱骂词汇。

※ 用胶带捆绑受害教员并弃之于教室不管。将其关在校舍屋顶杂物间的二楼或体育馆中。

※ 在受害教员的包内放入空瓶、冰块，在其桌子上放置垃圾、冰块等。

※ 在安全防范培训时，不顾受害教员的疼痛，依然对其施加关节技（柔道中的招式之一）。另一天，则对其施加摔投技（Giant Swing，职业摔跤比赛中的招式）。

※ 在清扫泳池时，抓住受害教员的手脚将其扔进泳池。

※ 说受害教员脚臭，令其脱掉袜子并将袜子给其他教员闻，用除臭喷雾剂对受害教员袜子及身体进行喷雾消臭。

※ 将使用后没有进行处理的抹布盖在受害教员头上。清扫泳池时，用石块砸受害教员，用水桶将污水浇向受害教员。

※ 在体育用品仓库内，用黏合剂或者洗衣物用的上浆剂涂满受害教员的头发和衣服，并说“这样才帅气”等。

※ 在烧烤聚会时，让受害教员喝下超辣酱汁。

※ 在家庭课教室中举办“超辣咖喱会”，将超辣咖喱涂抹在受害教员的嘴唇上和眼睛下面，并令其吃下超辣咖喱。在第二次“超辣咖喱会”中，甚至反剪其双臂，用勺子强行喂食超辣咖喱。

※ 爬到受害教员的车顶，踢踹其车辆。

※ 随意输入密码，导致受害教员无法打开自己的手机。

※ 在拍摄送别会集体照之际，揪住受害教员衣服前襟并摁其头部，让相机拍不到其面部。

※ 在食堂门口，多次当着学生的面，用拳头殴打受害教员的肩部。在孩子们面前，或说受害教员“好恶心呀”，或踢其屁股，或殴打其腹部。

※ 让同为该校教员的、受害教员的交往对象坐到受害教员的膝上。

※ 在职员室中，日常性地以大到其他教职员工都能听到的声音谈论与受害教员家人隐私相关的事情。

（摘自神户市立小学职员间霸凌案件调查委员会的《调查报告书概要》）

报告书中记载的阴暗而残酷的霸凌事项还有很多很多，令人不忍卒读。然而，对笔者而言，老实说，这一项项霸凌行为并非罕见。在全日本的职场中，存在着大量类似的霸凌行为。虽然程度上有差异，但这类职场霸凌不应被看作发生在这个学校的特殊案例。

那么，为什么会发生这类成年人的职场霸凌事件呢？

这起事件的调查委员会的报告中记述了多方面的原因分析。诸如加害教员的个人素质问题、作为管理者的现任校长及前任校长的责任问题、学校独特的风气、外部咨询服务窗口的缺失、霸凌问题的相关培训不充分等。此外，报告中也有意见认为存在在职时间较长的加害教员的势力变强的原因。可以说这些都是非常重要的因素。然而，笔者认为委员会在该报告书中所列举的作为“结构性问题”的“教员工作繁忙”这一点更应该被特别指出。

关于这一点，报告书中做了如下陈述：

> 该校教员整体上存在一个共同的特征，那就是工作繁忙，他们无暇顾及和关注学生之外的事情，这是这起事件的一个背景原因。
>
> 也有教员表示，教员们都承受着很大的压力，大家无意中在寻求一种压力的发泄口。

报告书中的上述内容说明职场中存在着长时间或超负荷的劳动，而学校却没有确保相应的人手安排，由此导致了非但不能阻止，反而会滋生霸凌的职场机制的形成。这种职场机制，作为职场霸凌产生的背景，不仅仅是这个学校，而且是整个日本都普遍存在的问题。

笔者在大学时代成立了接受年轻人劳动咨询的NPO法人机构“POSSE”，15年来一直致力于劳动问题的指导和解决，以及政策建言等。

2014年又成立了任何人都可以独自加入的、名为“综合支援联合”的劳动工会，现在本人作为该工会理事长而从事相关活动，接受诸如长时间劳动、加班费被克扣、遭解雇、遭劝退、遭职权骚扰等各种各样的咨询，并对这些咨询给予了建议或能实际解决问题的援助。

在上述活动中，我接到的咨询数量庞大，其中最多的是与“霸凌”和“职权骚扰”相关的咨询（关于“霸凌”和“职权骚扰”，将在后文再做陈述）。

关于职场霸凌，已然存在各种各样的讨论。人们从各种角度对其产生的原因进行了分析，这些角度包含诸如处于经营者立场的上司对下属的指导方法的问题、法律的问题、道德的问题、日本固有文化的问题、加害者个人的心理问题等。

然而，由此产生的结果只能是“头痛医头，脚痛医脚”。实际上，如果对霸凌的咨询进行深挖，进一步追问下去，我们可以清楚地发现很多案例中同时存在着其他问题，而不仅仅是霸凌问题。如果仔细观察案件的经过，你会发现，很多案例明显地只不过是公司中的矛盾以成年人霸凌的形式爆发了出来而已。上文中提到的神户市立小学的霸凌事件，也正说明了这种情况。

进而言之，还存在职场环境导致劳动者的精神发生巨大变化，以及某人既是霸凌的受害者同时又是霸凌的加害者的案例。

很多情况下，职场霸凌是由于与员工的身心健康和工作质量相比，公司更优先考虑短期利益，以及让员工变得更加服从。笔者将这种现象称为“经营服从型霸凌”。而且，笔者切身地感受到这类受害者近年来正在不断增加。

笔者写作本书的目的之一，是介绍各种职场霸凌的实态，并分析其背后的职场情况。

目的之二，是想为那些对职场霸凌以及对导致霸凌事件发生的职场环境提出质疑的人提供帮助，让他们能够有底气地说出“这是有问题的”。

本书记载了很多笔者实际接手的咨询案例。其中，有不少案件并未得到有效解决，最终只能作为令人不快的事件而不了了之。

在其他一些案例中，也存在受害的当事人或者目击了霸凌事件现场的同事勇敢地发出自己的声音，并与导致霸凌事件发生的公司进行正面抗争的情况。来自职场一线的声音对改变职场霸凌现状起着决定性作用。然而，要让受到侵害、精神上被逼入绝境的当事人独自发声是很困难的。正因为如此，那些没有选择视而不见，而是站出来为反对霸凌事件发声的人的存在显得极为重要。此外，那些非同事关系的、给予受害者支援的人的存在也具有重要的意义。

无论是遭遇霸凌的人，还是目击霸凌的人，抑或是无法对霸凌现象保持沉默的人，笔者希望他们能从本书中获得自信和勇气，坚信自己的质疑和愤怒是正确的。

下面笔者将就本书的构成做一个简单的介绍。

在第一章中，笔者根据最新的统计和得到报道的案件，分析并总结了近年来职场霸凌的特征。

第二章至第五章介绍了我们实际经手的与职场霸凌相关的咨询案例，并分析了职场霸凌是在什么样的背景下发生的，对劳动者的精神方面带来了怎样的影响，又对职场带来了什么样的结果。

其中，第二章聚焦于两起伴有暴力的霸凌事件，并对事件的经过做了详细解说。第三章介绍了霸凌受害咨询中数量最多的医疗、福利行业中的保育园和护理机构所发生的职场霸凌。第四章则对近来激增的针对发育障碍者，尤其是针对ADHD（注意缺陷多动障碍）患者的职场霸凌做了介绍。第五章介绍了长期以来一直存在的典型霸凌现象，即劳动工会霸凌。

第六章在回顾前几章的事例的同时，梳理了职场霸凌的新特征，并对其内涵以及导致其产生的历史经过进行了考察。

第七章将论述因《职权骚扰防止法》的成立和实施而看上去具有活力的“骚扰对策”的有限作用，并思考职场霸凌能否被彻底消除。

当自己实际遭受霸凌或者身边的人身陷霸凌困境时该如何应对？作为附录，在本书末尾部分，笔者提出了一些较为实用的建议。希望能为有此类烦恼的读者提供参考。

***

在本书中，笔者主要使用“职场霸凌”或“骚扰”等表达，而基本不用“职权骚扰”一词。虽然确实在很多情况下，使用“职场霸凌”和“职权骚扰”这两个术语时通常不会加以区分，但是如果在本书中使用“职权骚扰”一词，笔者想要提出的问题有可能会被遗漏，或者会导致论点混乱。

《劳动施策综合推进法》在2019年6月的修订中，正式追加了关于“职权骚扰”的定义，并规定企业有义务防止职权骚扰现象的发生（该法也因此又被称为《职权骚扰防止法》）。大型企业从2020年6月开始，中小型企业则从2022年4月开始适用该法律。对于该法律的相关定义，虽然存在批评的声音，但毫无疑问这是人们在使用“职权骚扰”这一术语时的一个重要参照系。在该法律中，针对职权骚扰有这样一段表述：

企业主应避免在职场中做出以优越性关系为背景的言行。为避免因超出业务上必要且适当的范围而有害于劳动者的就业环境，企业主必须采取必要的措施，完善为相关劳动者提供咨询并做出适当处理的必要体制，以及其他相关的雇用管理制度。

（《劳动施策综合推进法》第30条第2项）

这段话中提示了三个要素，即“①以优越性关系为背景的言行”“②超出业务上必要且适当的范围”“③有害于劳动者的就业环境”。在该法律中，将满足这三个要素的情况看作职权骚扰。

从本书的目的来讲，尤其成为争议焦点的是①的“优越性关系”。通常，说起优越性关系，大家可能会联想到经营者或者上司之类明确处于发号施令地位的人物。

只通过这一条文，很难理解“优越性关系”的含义。在厚生劳动省2020年出台的《职权骚扰防止法》指南中，对“以优越性关系为背景的言行”做出了如下更为详细的规定：

指的是在处理相关业务之际，接受相关言行的劳动者无法抵抗或无法拒绝该言行的行为者（以下简称“行为者”）的盖然性较高的背景下，行为者所做出的言行。例如以下情况：

※ 职务上属于上级的上位者的言行。

※ 同事或者下属的言行，该言行的行为者拥有在业务上必要的知识或丰富的经验，没有该行为者的帮助则很难顺利完成业务。

※ 同事或下属的集体行为，很难抵抗或者拒绝。

如上，在关于职权骚扰的法律定义中，同事及下属的行为也被包括在内，而且不仅仅是职位，知识及经验的丰富性甚至集体性也是优越性关系的判断依据。从更宽泛的角度来理解“优越性”一词，对于拓展前述“职权骚扰”定义下的救济和预防措施的框架来说也是十分重要的。

但另一方面，由同事、后辈、下属等“广义上的同事”实施的职场霸凌，无论职权骚扰的定义多广，依然有很多案例难以说明其中的优越性关系。尤其在本书中，同事成为加害者的案例并不是作为附带内容提出来的，而是本书的主要讨论内容，因此有很多加害者和受害者之间的关系性较为模糊的案例。

即便不存在加害者的“优越性关系”，对霸凌的具体内容、加害者的霸凌行为与劳动环境的关系，以及霸凌给职场带来的“效果”进行探讨，也仍是笔者写作本书的目的。

因此，为了涵盖更广泛的案例和避免定义上的混淆，除了引用部分以及出于对咨询者言论的尊重等情况外，本书中将不使用“职权骚扰”，而是使用“职场霸凌”这一术语。

此外，由于世界各国基本都固定使用“职场骚扰”这一术语，为方便起见，本书中使用“职场骚扰”这一术语时，其表示的意义与“职场霸凌”基本相同。

国际劳工组织（ILO）在2019年总会中通过了《关于消除劳动世界中的暴力和骚扰的公约》。该公约对工作中的暴力和骚扰做了如下定义：“劳动世界中的‘暴力和骚扰’是指无论是一次性的还是反复实施的，旨在造成或可能造成身体、心理、性或经济伤害的，难以容忍的各种行为、习惯或威胁。”该定义全面概括了职场中的骚扰行为，涵盖了包括性骚扰在内的各种各样的骚扰行为。

该定义并没有将当事人之间的关系性作为前提。进一步讲的话，连业务上的必要性及适当性都没有涉及。也没有提及对劳动环境的影响，而是只重视劳动者本身的受害情况。与日本的“职权骚扰”定义相比，该定义包含了相当宽泛的职场骚扰行为。因此，笔者认为可以将“职场骚扰”作为与“职场霸凌”意思相同的词语来使用。

第一章

近年来职场霸凌的特征

1

职场霸凌的现状

“霸凌/骚扰”相关话题在劳动类咨询统计里连续9年位列第一

首先，让我们通过数字来认识一下“职场霸凌”。

谈及职场霸凌时，我们通常会引用厚生劳动省的《个别劳动纷争解决制度的实施情况》。这份资料汇总了厚生劳动省对其管辖下的作为劳动咨询窗口的全国劳动局所接受到的相关咨询的统计。数据显示，职场霸凌相关的咨询近10年来急剧增加。

在这份统计资料中，除去单纯的法律制度方面的咨询以及克扣工资等违反劳动基准法的相关咨询，对属于民事范围的劳动争议相关的咨询，厚生劳动省根据内容将其分为“霸凌/骚扰”“自身原因辞职”“解雇”“劳动条件下降”“劝退”“（合同到期的）停止雇用”“借调/换岗”等类型。

2020年的调查资料显示，其中咨询数量位列第一的是“霸凌/骚扰”，共计79 190件，比位居第二的“自身原因辞职”（39 498件）和位居第三的“解雇”（37 826件）加起来还要多（表1.1）。而且，该数据为了配合2020年6月开始实施的《职权骚扰防止法》（当时主要以大型企业为对象，从2022年4月开始也针对中小型企业），将与“大型企业职场中的职权骚扰”相关的咨询案例从“霸凌/骚扰”类别中剔除了出去。与“大型企业职场中的职权骚扰”相关的咨询

表 1.1　主要劳动咨询的内容类别及其数量的推移

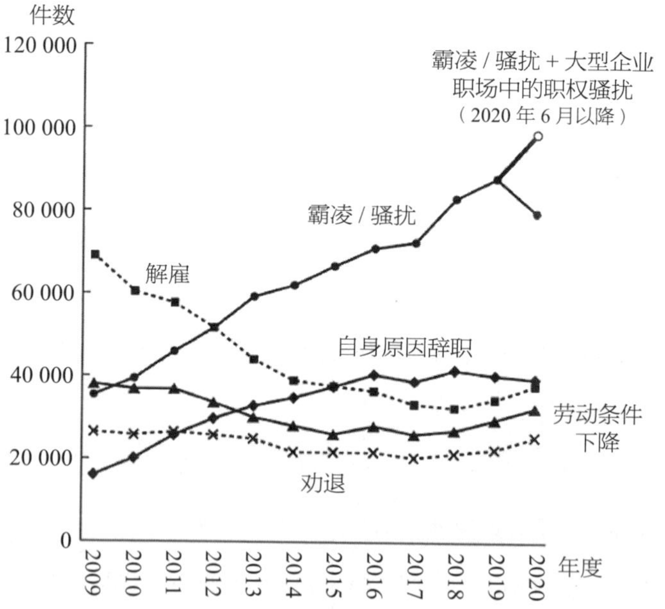

（注）根据厚生劳动省发布的《个别劳动纷争解决制度的实施情况》制作而成。

有18 363件，如果按照以往的统计方法将这一数据包含在内的话，那么“霸凌/骚扰”相关的咨询则高达97 553件。

2011年之前，在该统计中长期位居第一的是“解雇”方面的咨询，但该项目在近年来呈减少趋势，取而代之的“霸凌/骚扰”方面的咨询则在急剧增加。2011年度，“霸凌/骚扰”咨询数量为45 939件，2012年度则达到约5万件，超过了“解雇”而位列第一。2013年度以约6万件的数量进一步与“解雇”拉开了差距，且仍在继续增加，并连续9年位居第一。其数量也在10年内激增至约为原来的2倍。

对于与霸凌相关的咨询，厚生劳动省列举了如下具体事例：

申请人①是公司正式职员，在工作中，由于上司日常性地对申请人及其同事施加“笨蛋”“蠢货”之类语言上的侮辱，因此找作为负责人的所长商量并要求后者采取相应措施。然而，所长事后并没有进行适当的调查和指导，状况也没有得到改善。

（摘自厚生劳动省：《令和元年（2019年）有关建议/指导以及调解的事例》）

申请人②是公司正式职员，在工作中日常性地遭受职场

① 向劳动局寻求“建议/指导”的咨询者。

② 向劳动局寻求“调解”的咨询者。

前辈的踢踹、殴打腹部等暴力行为，以及“希望早点辞职走人”“希望消失”等针对申请人的语言暴力。上司虽然在旁边目睹了这些情况，但却装作没看到的样子并拒绝了申请人的求助请求，也没能采取其他应对措施。

（摘自厚生劳动省:《平成30年（2018年）有关建议/指导以及调解的事例》）

不过，正如上文所述，这些“劳动咨询”中不包含克扣工资之类的违反劳动基准法的相关咨询。从厚生劳动省的《劳动基准监督年报》来看劳动基准监督署所处理的“申告”案例，可以发现数量最多的是“克扣工资”，为19 498件（2019年）。“申告”是向劳动基准监督署申请对经营者进行调查的手续，由于缺少在“申告”手续之前就以“咨询”而告终的相关事例的统计数据，因此无法进行直接的比较。但仅从数字来说，“霸凌/骚扰”相关的咨询数量是“克扣工资”相关的“申告”数量的4倍以上。

现如今已然是提到劳动咨询，就是指“职场霸凌”的这样一个时代了。

丰田和三菱等大企业相继出现职场霸凌引发的自杀案例

导致受害者出现精神障碍的劳动灾害事件数量之多，体现了霸凌问题的严重性。以大型企业为例，2017年10月发生的丰田汽车的年轻职员自杀事件以及2019年8月发生的三菱电机的新进职员自杀事件均被认定为职场骚扰导致的劳动灾害事件。

丰田汽车公司过去也有过因员工过劳死及过劳自杀引发劳动纠纷的情况，关于2017年发生的这起年轻员工自杀事件，报纸新闻对其经过做了如下详细报道。

A于2015年进入该公司。从一年后的2016年3月起，A的上司开始对A施加语言暴力。日常性地称A为“笨蛋、蠢货”，并对其大加斥责，如“不把我放在眼里，是吧？不想干了，是吧？”“连个说明都做不了的话，你还不如去死了算了”等。此外，受害者A是从地方大学毕业后考入东京大学研究生院的，上司把他的这段经历拿出来议论说，“因为是通过洗白学历进入公司的，所以才连这么简单的事都做不好”。甚至将A叫到一个单独的房间，逼问他：“你该不会把我说的话录下来了吧？把手机给我！”

A于同年7月被迫停职，3个月后虽然换到另一个上司手下复了工，但也还是会出现一感受到压力手就颤抖的状况。

仿佛是为了对A进行追击一样，2017年5月，原来那个对A施加语言暴力的上司又调到了A旁边的座位。A曾向周围的同事吐露，“我总感受到他的视线，我想换个座位”“我精神上已经受不了了”。其后，A曾对其父母说：

"公司真是垃圾，还不如死了的好。"也曾对同事说："我可能会自杀，已经买好了绳子。"并最终于2017年10月选择了结束自己的生命。A的自杀被认定为劳动灾害，那已是约两年后的2019年9月的事了。

而三菱电机发生的职场骚扰导致新员工自杀的事件经过是这样的。B于2019年4月入职三菱电机，并在不久后的7月份受到其所在部门中担任教育指导员的同事员工的骚扰。在其记事本里，7月上旬期间记录了教育指导员诸如"下次问同样的问题如果回答不上来的话就宰了你""正好有个窗户适合你跳下去，你还是死了的好""（跳下去的话就会）成为黏糊糊的某某（B的姓氏）吧""去自杀吧"之类的话语。

2019年8月，B在公园自杀身亡，并留下了自杀前一天的记录。该案件于2020年9月11日进行了劳动灾害认定的申请，于2021年2月得到了认定。罕见的是，在劳动灾害认定之前，兵库县警察已经以教唆自杀的嫌疑将该教育指导员的相关犯罪材料送交了神户地方检察厅（最终检方以嫌疑人犯罪证据不充分为由进行了不起诉处理）。

职场霸凌案例在近11年里增长近10倍

看一看厚生劳动省2020年发布的《过劳死等劳动灾害

补偿状况》就可以知道，这类职场霸凌导致受害者出现精神障碍甚至自杀的事件近年来在急剧增加。

谈及劳动灾害导致的精神疾病，可能很多人第一时间会想到的是劳动时间过长。然而，即便完全不存在长时间劳动，只要受害者遭受了上司或同事的“（严重的）骚扰、霸凌，或者暴力言行”，导致心理上产生了巨大负担，这样的事件也是可以获得劳动灾害认定的。

2020年5月29日起，为配合后述《职权骚扰防止法》的实施，霸凌相关的事项被划分为“遭受上司等的身体攻击、精神攻击的职权骚扰”和“遭受同事等的暴力言行或者（严重的）霸凌/骚扰”。本章中，若无特别说明，则将上述行为统称为“霸凌/骚扰/暴行”。

在得到实际认定的劳动灾害中，被认定为“霸凌/骚扰/暴行”是导致精神疾病的最大原因的案例数，在刚开始实施调查的2009年为16件，到2020年则达到170件，11年间增加近10倍（表1.2）。[①]如果将目光集中于自杀者人数方面，可以发现2009年为1人，而到2017年时则达到了历史最多的12人，且都被认定为由霸凌导致的劳动灾害。

① 可以看出，2019年《职权骚扰防止法》的设立，及第二年该法的实施对启发劳动者有很大影响。

表 1.2 被判定为因“霸凌 / 骚扰 / 暴行”而产生精神疾病的劳动灾害认定件数及确定件数的推移

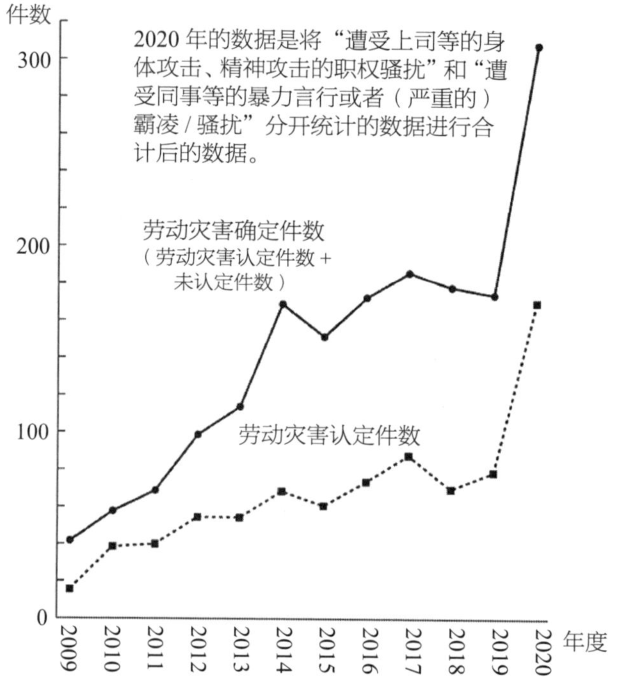

（注）根据厚生劳动省发布的《过劳死等劳动灾害补偿状况》（2020）制作而成。

难以获得“劳动灾害”认定的职场霸凌现象

职场霸凌的现实，可能比针对劳动灾害的相关统计数据所体现的还要更加严重。

以遭受“霸凌/骚扰/暴行”为理由而申报的劳动灾害，原本就极难得到认定，上文列举的数据只是现实的冰山一角。毕竟与霸凌相关的证据很难收集，有时还会出现因公司提供证词否认霸凌事实而使劳动灾害得不到认定的情况。此外，对受害者身体之外的伤害一般会被认为是“一面之词”。因此，这类案件的举证对于受害者或受害者的遗族来说并不容易。

考虑到劳动灾害认定的难度之高，我们不应仅仅局限于获得了劳动灾害认定的案例，那些未获得认定的案例也很重要。厚生劳动省将这类包含了未获得认定的案例在内的统计数据称为“劳动灾害确定件数”。

在2014年至2019年期间，“劳动灾害确定件数”中被判定为“霸凌/骚扰/暴行”是导致精神疾病的最大原因的案件数，每年约为170—180件，而到2020年时已增加至308件（表1.2）。其中，自杀人数每年都在10—20人的区间内浮动增长。

此外，成为劳动灾害认定对象的“事件”的分类条目中，除了“霸凌/骚扰/暴行”外，还有“与上司的纠纷”“与同事的纠纷”“与下属的纠纷”等条目。像“业务指导范围内”的“指导/斥责”以及“关于业务方针的对立”等并没有被纳入“霸凌/骚扰/暴行”中，而是列在上述其他条目下，因此也更难获得劳动灾害认定。

对于这种划分，我们需要打个问号。例如，过劳死案件的律师团队曾介绍过一例未获得劳动灾害认定的案件。受害者在面试时遭受了上司“你太无能，我们不需要你”“你这样的家伙在哪儿都是废物”的言语暴力。受害者给加班的下属送慰问品，上司却斥责他“工作都干不好，却搞这些小动作”“有搞这些小动作的时间，还不赶快去工作！”受害者对上司的这些暴力言行申请了劳动灾害认定，尽管上述言论被认定为事实，但由于劳动基准监督署认为这些都是与工作业务相关的言行，其他职员也受到了同样的对待，因此这起案件被视作“与上司的纠纷”，而不是“霸凌/骚扰/暴行”，导致最终没能获得劳动灾害认定。

同样，劳动基准监督署认为那些由“同事或下属”引发的事件不属于“霸凌/骚扰/暴行”，而是工作中的“对立”，并将其当作“纠纷”来处理。由此导致的未能获得劳动灾害认定的案例并不少见。

工作导致精神疾病的案例中，约半数是因为职场霸凌

那么，如果把被归属于“纠纷”的案件也纳入计算的话，将是怎样的结果呢？

2020年，精神疾病劳动灾害认定件数和未认定件数合计在一起的“劳动灾害确定件数”有1 906件，其中与上司、同事、下属的“纠纷”事件分别达到了388件、89件、16件。“与上司的纠纷”的案例数比该年度的“霸凌/骚扰/

表 1.3　不同类别的劳动灾害认定件数和未认定件数（2020 年）

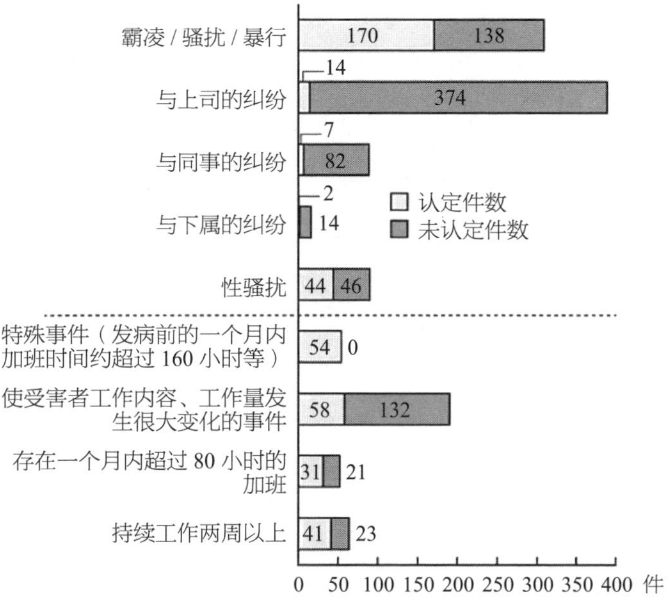

（注）根据厚生劳动省发布的《过劳死等劳动灾害补偿状况》（2020）制作而成。

暴行”的308件还要多80件，在成为劳动灾害认定对象的所有“事件”类别中位居第一（表1.3）。

在“劳动灾害确定件数”中，如果将2020年关于“霸凌/骚扰/暴行”“与上司的纠纷”“与同事的纠纷”“与下属的纠纷”的所有案例加在一起，将是801件，占了该年度的劳动灾害确定件数的42%，如果再加上90件“性骚扰”案件的话，则达到了约47%。

由于未被认定为劳动灾害的案例太多，人们可能很难察觉到，实际上如今在导致精神疾病的劳动灾害中，很大可能有接近一半的案例是因为“霸凌”，而不是长时间劳动。

而且，就连这些数据也并不充分。在存在一个月内持续100小时以上的长时间加班现象的案例中，通常会将长时间劳动作为优先原因进行劳动灾害认定，因此不会特意去调查有无霸凌因素，也不会将这类数据统计在内。由于很多案例同时存在长时间劳动和霸凌现象，因霸凌而引发精神疾病的案例很可能占了全部劳动灾害的半数以上。

人们常用“过劳死”或“过劳自杀”等词语来表述因工作导致的精神疾病的最严重后果，然而，现如今是不是用“骚扰自杀”或“职场霸凌自杀”这样的表达，对于当下的大多数案例来说才更为合适呢？

2

近年来职场霸凌现象的三个特征

存在霸凌现象的职场的长时间劳动的比例是没有霸凌现象的职场的2倍以上

职场霸凌现象为什么会越来越多且日益严重?

有人认为，“职场霸凌以前就存在”。也有人认为，这是上司对下属的一种过度“指导”、是老员工对新人的刁难、是公司内部的“派系纷争”、是对升职的同事的嫉妒、是不会顾及他人感受的“问题职员”的个人行为等。当然，这类劳动相关的咨询现在也仍然存在。

然而，近年来我们所见到的职场霸凌中存在着与以往不同的倾向。在此，我想指出最近发生的职场霸凌案例中的一些共同特征及其相应的背景。

首先，第一个特征是“劳动环境过于严酷”。

害怕工作的理由

我们可以通过2021年4月厚生劳动省公布的《关于职场骚扰的实态调查》（相关调查开始于2020年10月）得知这一点。该调查对在职场中遭遇了职权骚扰现象的劳动者询问了职权骚扰之外的一些问题。其中回答说“上司和下属的交流较少或没有”的人最多，占37.3%；而过去3年没有在职场中经历过职权骚扰的人中，做出同样回答的人为15.1%，前者是后者的2倍多。不过，职场霸凌也包含很多这样的情况，即“没有交流”这种情况本身就是霸凌行为或者是霸凌行为的结果。

引起我们注意的是，回答内容中第二多的是“加班很多/很难休假”，存在职权骚扰现象的职场的劳动者中有30.7%的人做出了这样的回答。而另一方面，过去3年在职场中没有经历过职权骚扰的人中，做出同样回答的人的比例为13.4%，两者之间同样存在巨大的差距。

当然，也有因霸凌行为本身或霸凌行为的影响而导致加班变多、很难休假的情况。但至少我们可以从中窥见职场霸凌背后的以长时间劳动为代表的严酷的劳动环境。

本书所列举的案例很多都具有这一职场环境特征。那么，这对职场霸凌产生了什么样的影响呢？笔者将在后面的具体案例中详细介绍。

由同事发起的性质恶劣的职场霸凌

职场霸凌的第二个特征是“职场全体加害者化”。虽然现在也有很多职场霸凌是由经营者或上司实施的，本书也介绍了好几例由上司实施的霸凌案例。

但是，近年来，职场霸凌的加害者不再仅仅限于经营者或上司，也发生了很多由职场前辈、同事、下属等广义上的同事所实施的霸凌。我们可以从最近的报道中举一些例子。

4个月内夺取了受害者84万日元的工资，让受害者穿着纸尿裤工作，用起重机悬挂受害者

首先介绍一起发生在香川县的一家经营金属加工业的中小企业、由职场前辈实施的长达10余年之久的惨无人道的霸凌事件。由于情节过于残忍，2021年5月高松地方法院以恐吓罪等罪名判处加害者实际服刑2年零6个月。据报纸报道，其经过如下。

10多年前，前辈职员因后辈男性职员犯了错而对其大声斥责。以此为开端，这名前辈职员走上了霸凌之路，对该后辈职员的斥责次数渐渐增多，甚至出现了殴打之类的暴行。不久后，竟发展到这名后辈职员一旦出错就对其收取罚金的状况。

随后，前辈职员的暴力行为逐渐升级，实施殴打时甚至用上了铁管。这名后辈职员的工资也被其夺走大半，例如以下已经被确认的事实：在2020年6月至9月的仅仅4个月间，被夺走的工资金额就达到了84万日元。

更为过分的是，该前辈职员竟将男性后辈职员的衣服脱光令其穿着纸尿裤去工作，让他大量喝水却不让他去上厕所。有时将其悬挂在顶棚的起重机上来回甩动。还对他实施过恐吓说“要搞垮你的家庭”。这起案件于2020年因其他同事向警局举报才得以公开。

话说回来，公司方面其实早已知晓了相关情况。虽然该后辈男性职员曾向上司诉说自己的遭遇，但上司没有当回事，直到被起诉才终于解雇了加害方职员。其他同事也在法庭上做证说：“感觉是习以为常的事，谁都没有对这事提出疑议。”

作为加害者的前辈职员陈述说，“提醒多次依然反复犯错，导致了我对他的厌烦”“我无法抑制自己的愤怒情绪”。而作为受害者的男性后辈职员也说，“工作出错，是我自己不好”。由受害者的这一发言可见其被加害者灌输了一种错位的罪恶感。

因职场事故而休假治疗，却被同事说“工资小偷”

接着介绍一起公立医院中发生的由同事和上司实施的

霸凌事件。

2017年秋，在千叶县一公立医院工作的50多岁的女性非正式员工在一次以该医院员工为对象的体检中，由于采血时被误扎导致神经损伤，手指不能动弹。为了治疗，她休假去其他医院看了几天病，而针对她的霸凌便由此开始了。

当她休假看病后重新回到工作岗位，并对大家道歉说“给大家添麻烦了”时，有同事大声回她说，“没人担心你”。之后，还有同事对她说，“我只是代表大家的心声说一下，你可以辞职不用来的”“（因该女性员工去医院看病休假）由于你不在，每天都特别期盼明天能快点到来呢”“你可以不用来了”等。另外，无视她的存在以及在新年会、订便当、分点心时将她剔除在外等霸凌行为也持续发生。据说上司也参与其中。他们甚至对她说，“有人总是去医院，真麻烦”“烦死了，看到你就让人烦躁”“赶快辞职吧”“如果你辞职了，我们就举办庆祝会”“回去让你老公养你”“反正也没有预算，赶走（她）得了”“工资小偷”等。

虽然该女性找上司商量了这件事，但上司不仅没有采取改善措施，反而建议她“最好考虑一下换个工作”。该女性在霸凌开始一年之后的2018年秋被诊断出适应障碍症，并于次年2月开始停职休养。后又因其抑郁症病发，她就职的医院于该年度末直接停止了对她的雇用。

该女性于2019年11月申请劳动灾害认定，因其对上司及同事的很多发言进行了录音等，所以该事件于2020年9月被劳动基准监督署认定为劳动灾害。至此，已是霸凌开始的3年之后了。

政府部门也收到了劳动者的相关咨询

上文中仅列举了比较严重的霸凌事件，但由同事发起的一般霸凌事件也并不罕见，这一点我们可以从厚生劳动省或东京都公开的近年来劳动相关的咨询事例中得到确认。

申请人是单位正式员工，被3名同事强迫支付他们的餐费，甚至遭到其中一人殴打面部和腹部等暴力行为。找单位管理者反映后，3名同事虽然返还了部分餐费，却没有受到任何处罚。

其后，申请人在新的工作岗位上开始受到上司的无视，由此导致其精神状态极不稳定，身体状况也随之恶化，最后不得不辞掉了工作。

[摘自厚生劳动省:《平成28年（2016年）关于建议、指导、斡旋的事例》]

咨询者为餐饮店的兼职人员。持续遭受同为兼职人员的同事的语言暴力。某一天，受害者对其提出抗议，结果遭到对方推搡等暴力行为。其后，该咨询者接到了知晓双方争执情况的经理的“为了保护你的人身安全，你还是辞职为好”的劝退建议。

[摘自东京都产业劳动局:《平成28年（2016年）东京都的劳动相关咨询状况》]

由职场后辈发起的集体霸凌现象

下面介绍一例笔者最近接到的劳动咨询中由职场“后辈”发起的霸凌事件。这是一起针对一名30多岁的所谓“中年自由打工者”男性的职场霸凌。

该男性在娱乐设施内的一个卖爆米花和饮品的小卖店工作，虽然小时工资几乎是最低工资，且实行轮班制，但他每周上5天班且持续上班已有10年之久。

平时，在店里工作的有学生及20多岁的自由打工者，共计10人左右。该男性最为年长，从工作的年数来看也应该是他们的前辈，没承想却突然成了他们的霸凌对象。

例如，该男性在收银时突然发现周围的同事全都不见了，后来发现原来他们全跑到厨房去了，单独留下了他一人。相反，当该男性走进厨房时，其他人就唰啦一下全聚集到收银台那边去，宛如足球场上的越位战术一样。这样的现象每天都在发生，且持续了好几个月。除了这种精神上的痛苦外，该男性还承受着很大的工作压力，无论是收银，还是厨房工作，他都不得不独自一人完成。

教唆这群学生并成为该霸凌事件带头人的是后辈中的一个自由打工者。与受害者擦肩而过时故意撞其肩膀，工作时故意不把相关信息传达给他，聚餐时唯独不邀请他……当受害者鼓起勇气问他“为什么对我持这种态度？”时，也遭到他的无视。受害者觉得自己也没做过让对方仇恨的事情，硬要找个理由的话，唯独能想到的可能是自己“30多岁的年纪了，却还是一个自由打工者”。

有部分打工的学生曾带有歉意地对他吐露说，“他（霸凌教唆者）让我们不要帮你”，并在暗中协助他工作。

受害者找公司反映情况，要求与作为霸凌主犯的后辈协商该问题。但对方拒绝交谈，且给公司的答复是“不是无视他，只是没兴趣而已”。除此之外，公司没有再采取任何应对措施。

后来，受害者患上了抑郁症，不得不长期停止工作。现在虽已复职，上班也减少了轮班的天数，然而，即便没有了以前的霸凌者，但上司却特意让刚复职的他佩戴写有“进修中”字样的牌子，视他为“麻烦制造者”，企图逼迫他辞职。

职场霸凌事件约一半是“同事”引发的

对于听到“职场霸凌”就联想到“由经营者或上司引起的职权骚扰”的人来说，可能会觉得这类由同事引发的霸凌事件只是例外。但是，看看相关统计就可以得知，由同事引发的霸凌事件并不少见。

根据厚生劳动省发布的《关于职场骚扰的实态调查》，可以发现在针对“霸凌事件中的加害者与受害者的关系”的调查项中，被判定为存在“职权骚扰”的1 990个企业里，回答存在“董事”对下属霸凌的企业占11.1%，存在“上司（除董事外）”对下属霸凌的企业占76.5%。而另一方面，存在“下属”对上司实施霸凌的企业占7.6%，存在“同事之间”霸凌的企业占36.9%，两者合计44.5%，比存在由“董事”对下属实施霸凌的企业的比例要高得多。

对霸凌事件中的加害者的区分更为详细的是由日本工会总联合会实施的《2021年关于工作领域中的霸凌实态的调查》。该调查将霸凌事件按照加害者类别进行了分类。此外，即使是同一事件，涉及多项分类（“人身攻击”“精神攻击”“人际关系孤立”“过分要求”“过低要求”“隐私侵犯”“性骚扰”“其他骚扰”）的项目会分别重复统计。

该调查结果显示，加害者为“上司”（含经营者）的有535件，为“前辈”的有262件，为“同事”的有188件，

表 1.4　霸凌加害者的详细分类

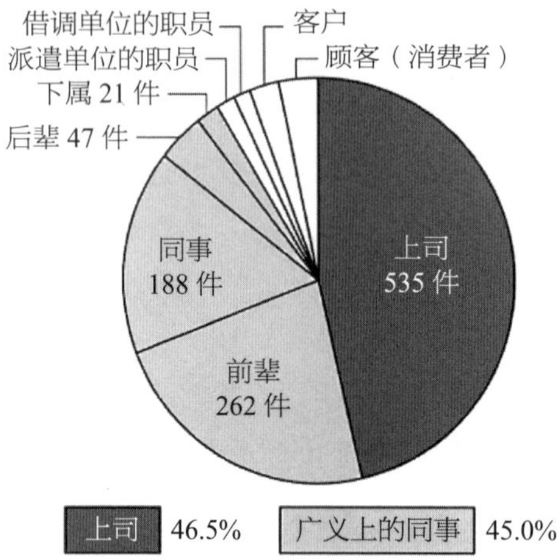

（注）根据日本工会总联合会的《2021年关于工作领域中的霸凌实态的调查》制作而成。

为“后辈”的有47件，为“下属”的有21件（表1.4）。若将前辈/同事/后辈/下属看作“广义上的同事”的话，那么在所有被统计的职场霸凌事件（1 151件）中，上司占了所有加害者的46.5%，而“广义上的同事”占了45%。也就是说，由同事发起的职场霸凌事件数足以与由上司发起的职场霸凌事件数相抗衡，几乎占了半数。

被认定为劳动灾害的职场霸凌事件，40%是由同事实施的

获得劳动灾害认定的职场霸凌事件的最新数据，也更

为确凿地证实了由同事实施的霸凌现象的严重性。

如上文所述，自2020年5月末起，作为厚生劳动省精神障碍相关劳动灾害认定的基准事项之一，原来的“受到（严重的）骚扰、霸凌或暴力言行”被重新划分为由“上司等”实施的“职权骚扰”和由“同事等”实施的霸凌这两种情况。若加害者为上司，或者是有丰富的知识和经验的人，或者是集体，即可以判断为对受害者而言是处于“优越性地位”的人时，可以将此类霸凌归为由“上司等”实施的职权骚扰，而不属于此种关系的由同事实施的加害行为则被归为另一种情况。

2020年5月末至2021年3月末期间，作为由“上司等”实施的“职权骚扰”而被认定为劳动灾害的案例有99件。另一方面，经笔者直接与厚生劳动省劳动基准局补偿科确认，同期间内发生的被归类为由“同事等”实施的霸凌案例有62件（表1.5）。换言之，导致受害者产生精神障碍而被认定为劳动灾害的161件严重职场霸凌案例中，至少有39%，即约4成是由“同事等”实施的。不仅如此，不要忘了在由“上司等”实施的“职权骚扰”案例中，也可能包含了由处于“优越性地位”的“广义上的同事”所实施的霸凌行为。

正如上述数据资料所示，同事成为霸凌加害者的案例并不少见，这是近年来职场霸凌的一大特征。

表 1.5　被认定为劳动灾害的霸凌案例中，由上司等实施的“职权骚扰”案例数和由同事等实施的“暴行、霸凌、骚扰”案例数之对比（2020 年 5 月 29 日—2021 年 3 月 31 日期间）

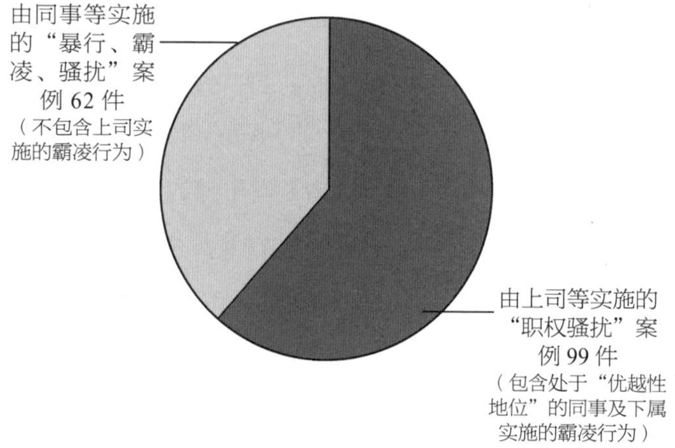

（注）根据厚生劳动省发布的《过劳死等劳动灾害补偿状况》（2020）以及对厚生劳动省劳动基准局补偿科的采访内容制作而成。

职场霸凌被放任不管

职场霸凌的第三个特征是公司“对霸凌行为的放任不管”。

在职场霸凌日渐成为社会问题的背景下，如果存在霸凌受害的事实，公司理应努力采取措施以防止类似事件再度发生，并对过去的受害者道歉或给予补偿措施。然而，事实上，尽管公司认识到了霸凌事实的存在，但没有采取任何相关“解决”措施，结果导致霸凌行为继续发生和扩大的案例非常多。

前文所述的2019年三菱电机的新入职员工遭霸凌事件

可以说是公司对霸凌行为放任不管的典型案例。实际上这不是三菱电机第一次发生霸凌事件了，早在2016年就发生过新入职员工遭受霸凌并因此自杀的情况。其留下的遗书中记录了受害者遭受上司、前辈霸凌的实际情况，以及“三菱压垮了我”“虽然与家人离别让我感到痛苦，但要我继续与某某（上司的名字）一起工作我会更痛苦，所以我选择死亡”这样的话语。

不仅如此，除了这两起事件外，若算上子公司的话，该公司仅从2012年算起，就至少发生了5起因霸凌而自杀的事件；算上每月超过100小时的长时间加班的情况，共有6起案件获得了劳动灾害认定。我们只能说，在该公司内部，导致受害者患上精神疾病的霸凌现象并未得到改善，甚至常态化了。住在同一宿舍楼的职员相继自杀的事实就能极好地说明这一问题。

同样，前文所述的丰田汽车公司2017年发生的年轻职员自杀事件也属于公司对霸凌现象“放任不管”的案例。该案例中作为加害者的上司过去也曾对其他年轻职员施加过类似的霸凌行为，尽管如此，公司的其他管理层却只是用“并不了解相关事实”来推卸责任。而且，在该案例的受害者复职后，公司的管理层也没有给予其特别的关照，反而是放任作为加害者的上司能够继续出现在受害者身边，进而导致受害者受到霸凌的二次伤害。

该公司最后以“没能充分分享信息”作为对该事件的反省结论，然而，这显然无法解释为什么公司会对作为加害者的上司放任不管，并最终导致霸凌现象反复出现。

约半数企业会无视受害者的霸凌相关咨询

对霸凌行为放任不管的现象并非只存在于大公司。

前述由“同事”实施的诸多霸凌案件中，都存在公司方收到了受害者的相关咨询，却没有采取任何应对措施的情况。在这些事例中，加害者并非职位特别高的人，我们很难认为这些加害者对经营者来说是特别难以处分的对象。

这类对霸凌事件的“放任不管”也反映在相关数据中。根据2021年厚生劳动省发布的《关于职场霸凌的实态调查》，针对劳动者的调查结果显示，回答工作单位知晓霸凌情况后“并没有采取特别措施”的达到了47.1%，几乎占了一半，排在所有选项的第一位。也就是说，约半数企业在收到了存在霸凌情况的反映后，依然对职场霸凌采取了“放任不管”的态度。

作为“自发的”劳务管理系统的职场霸凌

在此，我们不禁会产生这样的疑问：之所以会对霸凌问题“放任不管”，是不是因为企业的相关对策的“不足”或者“失败”？实际上，与其说是因为对策上的“不足”或者“失败”，倒不如说是出于某种理由，职场霸凌反复出现的状态对公司来说是一种“合理的”现象。更进一步地讲，即便公司并不是有意为之，但“放任不管”是否有可能在事实上使得职场霸凌成了劳务管理系统的一部分呢？

在此，笔者想在总结前文列举的职场霸凌的三个特征的同时提出以下假说：(1)为了让劳动者持续在严酷的劳动环境中工作；(2)近年来职场霸凌已经完成了自上而下的渗透，上司自不必说，连作为普通劳动者的同事也在“自发地”实施霸凌；(3)霸凌正作为一种劳务管理系统发挥着作用。

在本书第二章及之后的篇章中，笔者将在深入挖掘代表性案例的同时，基于上述假说对职场霸凌为什么会发生，以及职场霸凌在职场中起了什么样的作用展开论证。

第二章

过劳职场中存在的暴力霸凌

1

霸凌现象接连发生的职场

为什么职场霸凌一直无法根绝

职场霸凌存在对劳动者的精神和身体造成重大负担的多种形式。厚生劳动省主要将“职权骚扰”行为分为如下六类。

殴打、踢踹、向对方扔砸东西等对他人身体造成伤害的行为（人身攻击）；威胁劳动者的言行、否定对方人格的侮辱性发言、诋毁对方名誉的言论等语言暴力（精神攻击）；对特定劳动者实施的隔离、无视、排挤等行为（人际关系的孤立）；强制对方完成业务上明显不需要做或者根本无法完成的事情，以及妨碍对方工作的行为（过分要求）；命令对方去做一些与其能力和经验不相符的水平较低的工作，或不给对方安排工作（过低要求）；对受害者实施职场之外的持续监视，对私人物品进行拍照，在未得到本人许可的情况下向其他劳动者泄露受害者在与上司面谈时所提及的个人隐私等行为（隐私侵犯）。

其中，像殴打、踢踹等人身攻击行为是更为直接地给受害者带来痛苦的行为，加害者想要证明其行为的正当性比较困难。然而，在与劳动相关的咨询服务中，我们依然频繁地接到关于令人难以相信竟然会在如今的日本社会中发生的暴力事件的咨询。

这些最明显不过的、与业务必要性完全无关的暴行及伤害为什么一直无法根绝？本章将介绍笔者所经手的两起残忍的职场霸凌案件。

在“工作方式改革”的阴影中

2010年代，社会对“黑心企业”的批判之声高涨，政府部门也因为过劳死和过劳自杀事件的受害者家属及相关支援团体的活动，而开始制定“黑心企业对策”。为防止长时间劳动导致劳动者死亡，或者产生精神疾病，国家制定了《过劳死等防止对策推进法》，以推进“工作方式改革”。2010年秋，日本大型广告传媒企业电通公司于一年前发生的新入职员工自杀事件获得了劳动灾害认定，以此为契机，针对大企业的长时间劳动问题的相关对策得到了大幅推进。

长时间劳动及霸凌现象成为普遍的社会问题后，人们理应受到启发，认识到这些是应该禁止的行为。然而，有的职场非但没有因为上述“改革”而好转，甚至变得更糟了。

光天化日之下在车站前发生的流血事件

2010年代后半期，20多岁的男性A在一家媒体行业的下游分包企业工作。受到业界大企业“工作方式改革”运动的影响，在该公司内部，职场霸凌和暴力现象反而变得越发严重了。

事件发生在某个大都市的车站前。那天，A和比他早几年入职的团队领导B刚刚完成拜访客户的外勤工作。

前辈B吩咐A不用送客户，而是直接回公司整理当天的资料。于是，在到达车站时，A让出租车司机停车后放下了前辈和客户，并准备告诉司机自己将要回去继续工作的事务所的地址。

然而，就在这一瞬间，前辈B突然大声呵斥道：“你为什么不下车？”

明明是这名前辈吩咐A不用送客户的，简直是不讲道理。大概是A无意下车送别客户的举动惹怒了这名前辈。当客户的身影消失在车站内，刚刚还一直装作平静的前辈突然态度骤变。在行人和车辆交织的车站环岛附近，前辈B举起拳头朝A的面部连续殴打了十多拳，并多次扇其耳光，直到A满脸血迹地瘫倒在水泥路上。

由于这一幕发生在大白天行人较多的车站前，有一名路过的中年男性非常吃惊，欲进行制止并问道:“不要紧吧?发生什么事了?”但A已经处于因极度恐惧而神志混乱的状态，完全无法理解自己遭受暴力的原因和状况，甚至都没能发出求救声。

这名前辈企图掩饰当时的情况，冷漠地回了一句“跟你没关系，没什么事”，并将中年男性路人赶走。

其后，他又将A强行带到了没有人迹的小巷里，嘴里骂着“宰了你”“笨蛋”“垃圾”的同时，不断地对A拳打脚踢。A的面部及身体被打得红肿，疼痛持续了好几天。

真正可怕的是，除了在外人面前将受害者打得血流满面之外，这类流血事件在该公司内部也绝不少见。前辈职员对后辈职员的暴力行为仿佛是理所当然一样。

被殴打、踢踹、勒脖的日常

与A同期的年轻职员们只要稍稍出个错或者打个盹儿，就会遭受该男性前辈的拳打脚踢。甚至出现过一名年轻职员在通宵工作的第二天早晨，因在乘车过程中小睡而遭其踢踹面部的情况。所有年轻职员都挨过这名前辈的殴打、踢踹、勒脖等暴力行为。就连女性职员也被毫不留情地揪过衣服前襟。

开会时，一旦出现令这名前辈不高兴的发言，他就会将圆珠笔的笔尖对准对方使劲砸过去。甚至出现过一边骂着“你给我顶嘴是吧?”，一边连续掌掴对方并揪住对方衣襟大声进行“说教”的情况。

本来实施上述暴行的理由就已经站不住脚了，但更荒唐的是他又接着数落起另一名年轻职员的问题并责问他说：“你是不是觉得这与你无关?”然后就对其进行殴打，甚至使出了回旋踢。这名前辈有时还会将自己工作中的错判或失误的责任推卸到年轻职员身上并对其施加暴力。

暴力的加害者并不只是这名前辈，其他身为前辈的领导也出现过因年轻职员未能及时完成工作而多次击打对方头部，之后又用厚厚的文件夹的尖角继续殴打，导致对方头部出血的情况。据说，受害者只得穿着带有血渍的衬衫继续工作。在该公司内部，前辈对后辈的暴力行为已经“司空见惯”了。

“被殴打也是工作之一”

看到这里，也许有读者会问，难道年轻职员就没有找公司反映过这种暴力行为吗？难道这类暴力行为在该公司内部就没有被当作一种问题吗？

实际上，这些前辈职员的上司在事实上允许了这类暴行的存在。当年轻职员遭到殴打时，职场前辈的上司竟公开表示："我就当作没看见。"不但如此，还一本正经地说道："年轻人挨打也是工作之一。我们那时候还主动把自己的脸颊凑过去，以便前辈好打些呢。你们真是没有眼力见儿。"上文中的前辈B也为自己的行为辩解道："因为某某（上司的名字）以前也殴打过我们，所以他不可能批评我们。"

在之后的由A发起的集体谈判中，该上司发言说："我知道有暴力行为的存在，但从某种程度上来说，我觉得那是迫不得已的事情。"

将"暴力"作为长时间劳动的发泄口

那么，到底是什么原因导致公司不是去解决而是默认这种暴力行为的呢？是因为该公司的职场风气有问题？还是职员碰巧都不正常吗？

实际上，其背后存在着已经蔓延至整个业界的长时间劳动问题。而且，这个时期正好是受到"工作方式改革"运动的冲击而变得尤其忙碌的时候。因为客户和作为总承包商的大企业的员工们都在根据《长时间劳动对策》的规定，认真履行周六、周日休假的权利。若在以前，他们会在休息日与分包企业的员工们一起召开工作会议，但现在被禁止了。

为了在休息日之前完成会议，他们将截止日期提前，大幅压缩了交货期限，使得分包企业的员工们的劳动强度剧增。不仅平均每天的工作时间变得更长，连休息日也不得不去加班。因为工作日里来不及完成的任务只能利用休息日来完成。

加上在“工作方式改革”之前，那些客户及作为总承包商的大企业已经在严格削减成本。项目的单价每年都在削减，这导致直接受其影响的分包企业不得不跟着削减人工费。而上游企业的“工作方式改革”运动所导致的交货日期的缩短，则给了下游分包企业致命一击，后者只能通过不仅不支付员工的加班费，甚至还增加每个员工的工作量来强行撑过这一困难时期。

在这样的背景下，作为团队领导的前辈职员可以说是极其忙碌的。公司会从客户那里接来庞大到几乎不可能完成的工作任务，而各团队领导只能强行消化掉这些工作任务，至于完成什么样的任务，以及完成多少任务，他们没有自由选择的余地。作为代价，公司赋予了他们对后辈职员施加暴力的“自由”。也就是说，他们对后辈职员的殴打、踢踹等发泄行为，是被公司所默许的。

职场前辈们的“暴力式劳动管理”

为了协助作为团队领导的前辈职员的工作，后辈职员也不得不进行严苛的长时间劳动。他们每个月加班约100小时，有时甚至超过180小时，达到了厚生劳动省规定的过劳死认定基准的约2倍。他们要完成从项目的资料编写到跑外勤等各种杂务。一完成外勤工作就要立即返回事务所，将当天的工作成果整理成文字资料。为了团队领导第二天一上班就能立即开始工作，他们要彻夜加班做好准备工作，这种情况也屡见不鲜。

在这种睡眠不足的状态下，第二天早上仍不得不直接去跑外勤的情况也很多，然而就算如此，他们连在乘车过程中稍微睡一下都不被允许，因为需要随时应对客户的需求。要求他们完全不出差错、不打盹本来就是没有道理的要求，而且一旦被发现就会遭受前辈职员的殴打。

由于受到客户及作为总承包商的大企业的“工作方式改革”的冲击，他们的劳动强度进一步增加，工作失误反而更多了。虽然职场暴力及骚扰以前就存在，但据说在这一时期尤为严重。

可以说，团队领导是为了让年轻职员“能忍受”长时间劳动而使用了暴力。年轻职员即便因睡眠不足而被搞得身心千疮百孔，但对暴力的恐惧会令他们停止思考，只是忠实地完成前辈下达的任务。虽然也有人因此离职，但留下来的后辈新人已经被训练成了顺从的职员，无论是对长时间劳动，还是对毫无道理可言的不合理任务，都不会抱怨。

而当自己成为工作上的领导时，长久以来积压的不满就会对着新来的职场后辈们爆发出来。唯有能承受不合理的任务和过劳死程度的加班的职员才能生存下来，并使得这种“暴力链”得以延续和“继承”。

诚然，这种体系并非公司有意为之。然而，在相关企业中，该“暴力链”已作为一种事实上“有效的劳务管理”方法而发挥着作用，这一点是毋庸置疑的。

自己出人头地后，会成为加害者吗?

年轻职员是如何接受这种日常性的、反复的暴力行为的呢？为何没有立即辞职呢？

当我询问他们这些问题时，首先得到的回答是“因为挨打的自己做得不好”，所以就“接受了”。如前所述，遭受暴力基本上是因为工作中出现“失误”。当然，实际上工作出现失误的背后存在着长时间劳动或过度的工作量等因素，但他们并没有意识到这一点。

其次，有人回答说，由于包括女性职员在内的全体年轻职员都遭受了暴力对待，而且从前辈那里听说他们过去也是这样挺过来的，所以觉得“大家都这样，没办法”，“也许这就是业内的常识吧”。

甚至出现了这样的回答：“我那时想把它当作业内的一个必经阶段忍耐过去。”据说，因为这份工作是他所憧憬的职业，他也想成为这一行业的翘楚并有所作为，正是出于这样的抱负他才坚持了下来。虽然A最终放弃了该抱负并辞了职，但在这之前，他只是将这种莫名其妙的暴力当作“修行期”而不断忍耐，心里想着“如果挺过了这个修行期，自己就解放了”。

该公司在选拔团队领导时，一般会优先考虑态度“认真”的人。因此，A之前一直试图作为一名可以忍受前辈暴力的“认真”职员在工作。

只是，在只有同期的聚会中，他们也会谈论职场中遭受的暴力和骚扰并相互安慰一番，也会吐露自己的不满，如“这个公司到底是什么公司呀？难道只靠暴力对待员工吗？”“施加暴力什么的真是可恶至极！”

而且，在这个聚会中，他们互相确认了对方的想法，并一致坚定地认为“那样可不行啊！”事实上，公司内也存在不用暴力照样能将工作做好的团队领导，这样的人成了年轻职员们崇拜的对象。

虽说如此，但实际上几乎所有的团队领导都曾有过职场骚扰行为。也有这样的例子，即本来一年前还是很温和的前辈，一旦成为领导后却突然开始出现近乎霸凌的职场骚扰行为（虽然不存在暴力行为）。A的脑海里甚至浮现了，在这个世界里出人头地，就意味着人性的变化，不成为职场霸凌的加害者就无法坚持下去等悲观想法。

为斩断职场霸凌的连锁而斗争

A在工作了几年之后，决定放弃自己的事业梦想而选择辞职。在A的送别会上，上司公然在同事们面前对他说："你想从痛苦中逃离，是吗？今后你不管去哪里都会继续逃避的。去死了得了！"A的辞职到最后还被上司用来作为对留下来的职员的儆戒。

上司的话是对他的最后一击，导致他辞职后患上了精神疾病，其后的一年多一直处于自闭状态。

待精神状态稍稍恢复，他通过网络查询，终于意识到了自己以前的劳动环境的异常。并在最后找到了笔者所在的NPO法人POSSE。

最初和A面谈的就是笔者。第一次见面的那天，A仿佛挤牙膏似的勉强吐露了长时间劳动的实际情况，同时又好像在为不知道要反映什么样的问题而感到苦恼。笔者告诉他，这类职场问题他一点责任也没有，该被追责的是公司一方，他们完全可以通过追究公司责任来要求公司改善职场环境。

另外，我还告诉他如果遭受了职场霸凌，也是可以追究公司责任的，但他只是默默地点了点头。

A开口说起关于职场暴力和骚扰的事，是在第二次面谈之后了，也许对于A来说，这并不是可以轻易唤醒的记忆。

即便向他介绍了个人也能加入的劳工组织——综合支援联合工会——并确定要与公司进行集体谈判之后，A对于向公司发出自己的声音一事，虽然思想上是接受了，但还是显得畏手畏脚，有些害怕。

然而，一旦进入集体谈判后，他的犹豫一下子就消失得无影无踪。因为在集体谈判的过程中，公司经营者及相关上司不断重复着想要隐瞒职场实际情况的言论。

于是，A与联合工会的其他成员一起在作为总承包商的上游公司前，手持扩音器、散发传单，开始了街头宣传。

对公司来说，起到决定性作用的是A的同期职员暗中持有的职场前辈实施暴力的录音证据。A加入联合工会后，在他拜托原来的同事帮忙搜集证据时，其中一人告诉他说："实际上，我有证据的。"原来这名前同事一直在等待机会，想在某一天进行揭发。

集体谈判的结果是，不支付加班工资的加班今后将不复存在，且公司将被迫着手减少长时间劳动。实施暴力最严重的前辈将受到惩戒并被公司解雇。公司也承诺采取措施，防止职场暴力及骚扰再次发生。据说A的前同事们由于从职场暴力中解放了出来，有了自己的自由时间而感慨万分。

虽然A失去了自己的事业梦想，但他之所以能将这场集体谈判坚持到底，就是为了斩断职场暴力和骚扰的连锁，让前同事们拥有更好的职场及业界环境。其后，A又确立了一个新的目标，他想将自己的职场霸凌遭遇及自己与公司斗争的经验分享出来为他人提供帮助。

2

物流企业的职场霸凌及同事的自杀

既是被害者也是加害者的B先生

接下来，将要介绍的，也是劳动者告发职场暴力和霸凌事实的案例。

B先生是某物流企业的正式职工，并在该企业工作了20年。在公司内与其他同事组成小团队并通力合作，在公司外则为了寻找客户而四处奔波，即便是稍许有些忙碌的日常也让他感到很有意义。B先生对于能在这家公司安稳地工作感到十分满意，自然也从未怀疑过公司的工作制度是否合理。

但就在某一天，发生了一件改变其人生的事情。一名同职场的与他关系亲近的同事突然去世了。

因为这起事件，B先生不得不同时以同事、受害者和加害者的身份来面对其公司内部存在的职场霸凌问题。

同事的突然去世

事发那天，B先生如往常一样去营业所上班，并出席了晨会。营业所所长在晨会发言中告诉了大家一件令人意想不到的事情——在该营业所工作的同事C去世了。据说是C的妻子告知营业所此消息的，而死因尚未公布。

C与B同样是正式员工，但他主要负责营业所内的事务性工作和杂事。B在跑外勤的间隙且正好在公司里的时候会与C有些日常交流，他们有时只是很随意地聊聊天，有时也会相互拜托对方帮点小忙。

C的确最近一两天没去上班，但就在事件发生的几天之前，他明明还在很精神地工作着。关于他突然去世的原因，当时的B百思不得其解。

被视频记录下来的暴力过程

没多久，关于C的死因的流言就在营业所内散布开来。据说C好像是自杀身亡。而且据说就在最近，有其他同事听到了C在营业所内遭到所长言语辱骂，甚至有可能就是C去世的两天前的事情。

“如果查一下监控录像，是不是能看到些什么？”

有同事无意中提出了这个想法。C去世的两天前到底发生了什么？对C突然去世的真相一直牵挂于心的，包括B先生在内的几名同事在下班之后调查了营业所内的监控录像。

录像中出现了令人震惊的一幕。虽然听不到声音，监控视频也并不是非常清晰，但毫无疑问的是录像清楚地录下了所长对着C大发雷霆，甚至搬起铁管椅子狠狠砸向C的一幕。

B先生等人震惊得说不出话来。这个就发生在C去世的两天前的录像无疑在控诉着，该营业所所长的暴力行为是导致C死亡的关键诱因。

这也许可以作为证据，B这么想着，然后就用自己的平板电脑拍摄下了相关监控画面。

“被隐藏的”职场霸凌

之后，事情的经过也逐渐浮出水面。原来C长期以来持续受到了该营业所所长的霸凌。

C原本与B他们一样负责搬运货物等外勤工作。但一场非因工的交通事故导致他身体出了问题，很难再继续原来的工作。于是，C申请调到外勤工作中对身体负担较轻的岗位。

他的申请应该是得到了批准的，但由于该营业所业务量大且人手不足，结果一直没有给他换岗。交通事故后，C在营业所内仅负责杂务，身体负担虽然减轻了，但由于公司实施提成制，且提成占比较高，如果不多跑外勤挣取提成的话，那么每月到手的薪金将会很低。有家庭需要抚养的C不得不多次向所长提出换岗要求。这似乎成了所长开始对C实施暴力霸凌的原因。

而C几乎没有显露出遭受霸凌的样子。由于B他们大部分时间都需要在公司外面开展工作，所以并不了解被留在营业所内的C的情况。当C去世，相关监控录像被披露出来，一部分同事也松口承认，确实有看到过C被所长痛骂的情景。

C遭遇霸凌而受害的全貌，时至今日仍不明朗。虽然我们只能想象，但可以肯定的是，一定发生了会将他逼入自杀这一绝境的事情。

虽然B自认为与C有过亲近的交流，但C也只是对他倾诉过“工资太低了，生活很艰难”这类烦恼。也许C并不想让人知道他遭遇霸凌的事情。B对自己没能察觉到C的烦恼而深感内疚，甚至有一种罪恶感。

想要告发职场霸凌，但相关单位、同事，甚至受害者家属都选择了沉默

在该公司内，有全体正式员工加盟的工会存在。因此，B每个月也会被直接从工资里扣除几千日元的工会费。这时

候不依靠公司的工会的话，还要等到什么时候呢？于是，B开始找公司内部的工会进行面谈，也告知了他们手头有录像视频。然而，工会却拒绝道，“如果有什么要谈的请找总公司”“即便有视频也不会看”。

于是，B接下来就打了总公司的劳动咨询热线电话。然而，对方也就是随便听听而已，并没有站在受害者的立场上认真倾听，结果没有一个人出面来处理这件事。

B本来很信任公司。该公司的社训是“公司与全体职工同心协力”。B从开始工作以来一直在认真贯彻这一社训，将职场中的所有人都当作自己的“伙伴”。也相信自己遇到问题时，公司一定会认真处理。

然而，公司以及公司的工会对B提出的问题完全不予理会，这让B从心底感到失望。他认为，既然公司将员工视作伙伴，那就应该对将C逼入自杀绝境的营业所所长进行处分。但是，该所长甚至没有被降职，还继续保留着所长的职务。

而本该追究事情真相的同事们也都选择了保持沉默，继续忙于工作。为什么没有人把C的遭遇当回事呢？B先生的疑虑变得更加强烈了。

B先生极度烦恼，坐立难安，决定去一趟C的家里。按响C家的门铃后，C的家人仅愿意隔着对讲机交流。于是B只好对着对讲机说道，关于C去世的经过有话要跟他们说。

但是，C的家人却回答说："希望能让我们安静地生活。"是他们对C在职场的遭遇不知情呢？还是虽然知情但却选择了放弃向公司追究责任呢？B先生无法从C的家人的回话中得出结论。结果，双方没能再进一步交谈下去，当然也没能见上面。

慎重起见，B先生将刻录了监控录像画面的DVD放入了C家的邮箱里。自那以后，他就再也没有与C的家人联系。

然而令B先生做梦也没有想到的是，从那以后他自己成了被霸凌的对象。

由于告发职场霸凌，自己成了被霸凌的对象

B先生成为"受害者"的起因是其所在职场被揭露的新的劳动问题。

事情是这样的，在B先生所在的职场中，有一名有轻度智力障碍的后辈职员D，公司上司窜改了D的出勤记录，使其每天被记录的劳动时间变短。结果这事败露了，而且，这种窜改行为长达好几年，未支付的加班费总额超过了100万日元。这件事不仅违反了劳动基准法中关于加班费的相关规定，还是一目了然的智力障碍者歧视事件。

B先生在与该同事聊天的过程中偶然发现了这一事实。

其公司内部再次发生不法行为，导致同事受害。B给了D一些有帮助的建议，使得这件事被告发，公司最后不得不向D支付了过去多年未支付的加班费。

在这之后没多久，B先生突然接到了调令。虽说是正式员工，但这是B工作20多年来第一次被调往其他营业所，且上级也没有对调动原因做特别说明。

可以肯定的是，与有智力障碍的同事关系较好且行动力很强的B先生被怀疑为告发的建议者了。

之后，在B先生和我们要求进行集体谈判的情况下，公司对B的调动原因进行了说明：他们接到了投诉，有人说B在职场工作时“大声吼叫”，让其他职员感到害怕。然而，对于B来说，这简直是无稽之谈，而且当时谁都没有对他说过这事，接到调令时公司也没有说明有这样的意见。如果真有问题，那时就应该说清楚的。所以，只能认为是公司强迫相关同事对B提出不满，并捏造了调动的理由。

在向公司的工会咨询自己被调走的事时，工会那边的人只是同情地说了句“那太远了啊”，然后就再无下文了。周围也没有人想要站出来帮助B，只是默默地继续工作。

同事自杀、出勤记录被窜改。公司对不正现象放任不管，告发者反而被找不痛快。通过这些事，B说他好像幡然醒悟了一样，有一种“魔法似乎被解开了一样的感觉”。原来，自己一直以来尽心竭力工作的公司只不过是一家会排挤敢于对职场问题提意见的员工的公司。

B先生被迫离开一起工作了多年的同事，到了一个没有一个熟人的新职场工作，他开始重新审视自己过去的工作方式。于是，他意识到了一点。那就是，自己不也曾经是“加害者”吗？

自己作为“霸凌加害者一方”的过去

不到25岁就已走遍土木建筑工地的B先生在报纸上的招聘信息栏发现了这家公司，他心想：“这可是家大公司，权且应聘试试吧。”怀着这种坦然的想法参加了录用面试后，没想到毫不困难地就被录用了。因为这家公司的录用门槛非常低，而且经常大批量录用新人。

但在该公司工作非常辛苦，早晨要很早到营业所上班，外勤工作结束时往往已是晚上八九点钟，而且在这之后还要返回营业所整理收拾一下，有时离开营业所时已经过了晚上11点。而在年末等繁忙时期，忙到晚上12点之后才能回家也并不稀奇。这样算下来，每个月的加班时间毫无疑问超过了过劳死认定基准。

而且，由于业务量较多，在拜访客户和消费者时必须要一件一件地迅速处理妥当。感觉无论多努力，工作也做不完，且需要消耗大量的注意力和耐力，如果想在工作间隙多加休息的话，那么当天的规定任务将肯定完成不了。由于是以团队形式承担业务的，所以特别是那些在体力上有优势的二三十岁的年轻职员会一整天都在外面奔波。

B先生在中学时代原本是足球部的球员，进入社会后也每天坚持与朋友们一起慢跑，因此对自己的体力是比较有自信的，属于耐力较好的那一类人。然而，就连有如此体力的B先生也表示该公司的工作业务过于繁重了。

尽管如此，让他坚持下来的是一种“大家都很辛苦”的意识。由于周围的同事们都在长时间劳动，所以自己也只能接受现实并对公司的繁重工作习以为常了。

自那以后的20年，B先生一直在默默地工作。其间，也时常有工作比较慢的后辈被分配到他的团队。由于是以团队形式承担业务的，所以当自己的任务达成后，还要去帮助其他工作较慢的同事。光是完成自己的任务就已经够呛了，还要去帮别人，这对所有团队成员来说都是相当大的负担。

在这种情况下，同事们必定会对工作慢的后辈说一些敌视的话，且一有什么事就会大发雷霆。甚至有同事对无论如何也不辞职的后辈恳求道:“真的求你了，你把工作辞了吧。”

要通过团队合作来完成庞大的工作任务，那么自然就会需要排除团队中“没用”的人，而换上有发展希望的新人。因此，对工作慢的同事要“想办法让他辞去工作”已成为一种常态。这并不是公司指示说要让工作速度慢的同事辞去工作，而是工作现场产生的一种“自发”行为。不过，据B先生所言，营业所到处都是这样的情况。

B先生回忆道，当时的他就是“公司的爪牙”。因为B当时与对后辈大发雷霆的同事站在了同一阵线，属于“霸凌加害者一方”。

为了根绝职场霸凌而再次发声的B先生

被公司不正当调动的B先生开始关注公司内普遍存在的长时间劳动问题。

当然，将C逼上绝路的直接责任者是所长，窜改有智力障碍的同事的出勤记录的直接责任者也同样是所长。而与同事一起对“没用的”后辈施加辞职压力，作为现场行为来说这应该是B和相关同事的责任。

然而，归根结底，难道不是因为公司把处于繁重工作任务之中且生活遇到困难的C、工作速度较慢的D或其他后辈职员，以及对公司的所作所为表达了不满的B，当作降低企业生产效率的“累赘”或“麻烦制造者”，才导致了这一切的吗？而这又使得像B这样的员工被当作公司默认的“可以欺凌的对象”。可见，一切的根源就在于公司及其过于繁重的业务和长时间劳动。

事实上，在B先生被调走后，该营业所很快就出现了与劳动时间相关的违法行为。即要求职工必须在出勤打卡时间的约1个小时之前到达工作场所并将货物装箱完毕，然后才在8点左右让他们去打卡、参加晨会，再从营业所出发去跑外勤。且这已成为一种不成文的规矩而被固定了下来。

对此，公司自然是注意到了，但仍默许了这一行为。此外，虽然公司规定在工作期间可以获得1小时的休息时间，但这实际上很难做到。能在搬运货物的间隙将从便利店买来的饭团塞进嘴里就已经很不容易了。可惜的是，谁也没有对这种情况提出疑问。

对此，B先生想，如果能够纠正让员工提前出勤加班却不付加班工资，员工不能获取休息时间之类的违法行为，是不是就可以改变长时间劳动的现状呢？是不是也可以由此消除横行于职场的霸凌问题呢？他深感这是作为“旁观者”、“受害者”、“加害者”以及职场霸凌的亲历者的自己所必须要做的事情。

于是，B先生决定求助于可以提供劳动问题咨询的专家和机构。首先，他找到劳动基准监督署进行了咨询，但对方没有真心地给予相关建议。然后又拨打了免费律师热线，但也没有得到令人满意的答复。最终，他找到的是个人就可以加入的工会组织——综合支援联合工会。

加入公司外部的工会，对解决长时间劳动和不支付加班费的问题很有效。综合支援联合工会与B一起去了劳动基准监督署，最终后者也认定了公司的违法行为并对公司做出了纠正告诫。综合支援联合工会也与公司进行了集体谈判，结果是公司承认了未支付加班费的情况。

在B采取行动的同一时期内，也出现了其他地域的该公司职员为改善长时间劳动现象而加入公司外部工会进行抗议的案例，他们的努力最终推动了整个公司的“工作方式改革”。该公司重新调整了经营方针，并着手削减过重的任务负担，工作到深夜的长时间劳动现象明显地减少了。

成为职场的“眼中钉”

自那以后，B先生成了公司的眼中钉。对公司来说，很显然B是要被排除的对象，但由于他加入了公司外部的联合工会，所以公司也无法随意刁难他。而且，如果对他实施职场霸凌的话，公司必然逃不脱责任，事情将会成为很大的社会问题。

于是，工作量大的业务便不再安排给他。根据公司的指示，周围的同事们也开始积极地分担工作，虽然也不是说可以不用加班了，但整体上并不是很辛苦，提成部分的工资也没有降低很多。据B先生说每天都比较“轻松”。

职场的同事们在B刚调来时对他的态度很是生硬，但现在也变得亲近了起来。

甚至还出现了这样一则小插曲。有一次，B只是作为一名消费者到一个与自己上班场所不同的其他营业所去使用相关服务。当他为了享受员工折扣而拿出公司职员证并告知对方姓名时，平时一次面也没见过的该营业所所长竟然慌张地跑过来，规规矩矩地接待了他，这在平常是根本不可能的。虽然B先生也隐隐约约察觉到了自己的相关信息在公司内部是共享的，但所长的“如果出现什么失礼的地方则有可能会成为把柄”的这一心态令B先生不禁苦笑起来。

给予在公司内部孤立无援的B先生很大支持的，是加入了联合工会并在各自的职场与公司做斗争的伙伴们。B先生说，虽然有时他也会对“自己正在做的事情是正确的”这一信念失去信心，或者会因为怀疑自己是不是不正常而感到灰心丧气，但同伴们的“你做的事是完全正确的”“相信自己”等鼓励的话语拯救了他。

B先生打算今后仍继续留在该公司工作。因为如果自己就这么辞职的话，公司的风气有可能还会回到原来的样子。他想将这种只有在职时才能做的事继续做下去。

3

在过劳职场中，霸凌现象被合理无视的三个原因

“逃避”解决问题所需的成本

无论是A所在的公司，还是B所在的公司，都存在超出过劳死认定基准的长时间劳动，正是在这一背景下，包括暴力行为在内的霸凌行为才得以在公司内横行。尽管公司对这些显而易见的严重霸凌问题了然于心，但无论是A还是B所在的职场，公司（也包括公司内部工会）都没有采取任何应对措施。这或许是因为对公司来说，对职场霸凌放任不管存在着某种“合理的”理由。

笔者所能想到的第一个理由，是解决问题所需要花费的成本太高，因此公司一直在避免正面应对这些霸凌

问题。[①]

如果公司认真着手解决职场霸凌问题，就意味着在经营上会产生短期的“成本”。因为要对实际情况进行调查，对加害者、对上司等责任人进行处分，还要承认公司自己的责任，对受害者进行道歉和赔偿等。因此，对经营者来说，如果置之不管的话，那将是最省钱也最省力的选择。

然而，反过来说，如果受害者追究公司的责任，使得公司的霸凌问题成为一种社会问题，那么公司对职场霸凌置之不管的后果将是更加高昂的“成本”。现实情况是，如果不让经营者意识到这一点，他们永远不会采取应对措施。

发泄工作压力的“出气筒”

从本章所列举的案例可以看出，严苛的劳动环境会严重

---

① 笔者担任理事的NPO法人POSSE，在揭发通过劳动咨询所掌握的职场长时间劳动及霸凌等实际情况的同时，还通过代表理事今野晴贵的《黑心企业》（文春新书，2012；本书第六章的主要参考文献）等著作对产生霸凌问题的劳务管理和劳动市场结构进行了分析和公布。关于“解决劳动纠纷的成本”的问题，今野晴贵在《黑心企业的生意》（朝日新书，2013）中披露，为了让劳动者方承担巨大的成本并放弃权利的行使，公司方的律师及“社会保险劳务士”（日本1968年颁发的《社会保险劳务士法》规定：“社会保险劳务士应确保劳动和社会保障相关法律的顺利实施，保护员工福利，促进产业健康发展。”）会采用不正当的诉讼或威胁等手段。在《黑心企业2》（文春新书，2015）中，今野晴贵进一步揭露了公司通过实施不合理的研修、骚扰及霸凌，迫使劳动者陷入“精神失常状态”，并使其忍受长时间劳动的机制问题。

扭曲员工的意识。尤其是当我们聚焦于霸凌加害者时，会发现这样一个特征，即与其说加害者原本就有人格缺陷，倒不如说他们是对成为霸凌的加害者所附带的“作用”有了反应。进而言之，就是劳动者被职场“改造”成了加害者。

例如，A所在的职场中，因雇用环境恶劣和人手不足所导致的巨大的工作量以及低廉的薪金，让部分员工压力过大而成为霸凌的加害者。在这样的职场中，霸凌起到了发泄压力的“出气筒”的作用，霸凌者是在借助这个出气筒发泄职场中产生的疲劳及不满。这是公司对霸凌行为放任不管的原因之二。

同样，对于周围那些眼睁睁看着霸凌行为发生的同事，我们可以认为他们作为旁观者也属于加害者一方，霸凌行为的发生对他们来说同样起到了发泄压力的作用。从公司的角度来说，多亏了霸凌的存在，员工将不满情绪的矛头指向公司的风险降低了。加害者为了发泄自己的职场压力而不自觉地霸凌其他同事，这种现象对于公司“统治”劳动环境过于残酷的职场来说，是有利的。这是近些年来职场霸凌中最常见的倾向，本书中介绍的案例几乎都属于这种情况。

精神失常导致“思考停止”

同时，上述A的案例中，A在遭遇暴力霸凌的过程中，感官日渐麻木，对自己和同事彻夜加班或者挨打似乎已经不怎么放在心上了。由此可见，过劳职场中的霸凌不仅有转移不满的矛头的作用，还有夺取劳动者思考能力的“效果”。

本来长时间劳动及巨大的工作量就足以令人不能正常思考了，在此之上，再对这些除了工作无暇顾及其他事情的劳动者穷追猛打地施以暴力言行，迫使他们陷入“精神失常状态”，就像A那样无法对职场环境有丝毫怨言，只能更加努力地工作。这是公司对霸凌行为放任不管的原因之三。

本书开头部分介绍的神户某小学发生的职场霸凌事件，可以说几乎完全具备了上文所列举的三个原因。其一，由于加害者是有经验的教员，所以校方存在“逃避”解决问题的成本的意识。其二，长时间劳动已是常态化现象，霸凌行为对加害者来说起到了发泄压力的“出气筒”的作用。其三，霸凌使受害者陷入了精神失常状态，无法正常地思考问题。

但是，让公司认为职场霸凌的存在是有其“合理性”的，其原因并不仅是如此。就像后续章节将会提到的，职场霸凌对劳动者的内在心理，造成了非常关键的影响。

第三章

保育和护理类职场的霸凌

1

为什么要关注保育和护理类职场

职场霸凌现象最严重的是医疗/福利行业

与职场霸凌相关的咨询中，数量最多的行业就是医疗/福利。

根据东京都产业劳动局发布的《东京都劳动咨询状况》的统计数据，我们可以看到，在2020年度针对不同行业的职场霸凌咨询统计中，数量最多的是“医疗/福利”（1 480件，18.9%），比位居第二的“批发业/零售业”（702件，8.9%）和位居第三的“信息通信业”（686件，8.7%）加在一起都还要多（表3.1）。

不仅仅是数量多，还可以看出这类行业的霸凌事件呈增加趋势。在2011年度的相关统计中，“医疗/福利”行业

表 3.1　不同行业（前 4 位）的职场霸凌咨询件数的推移

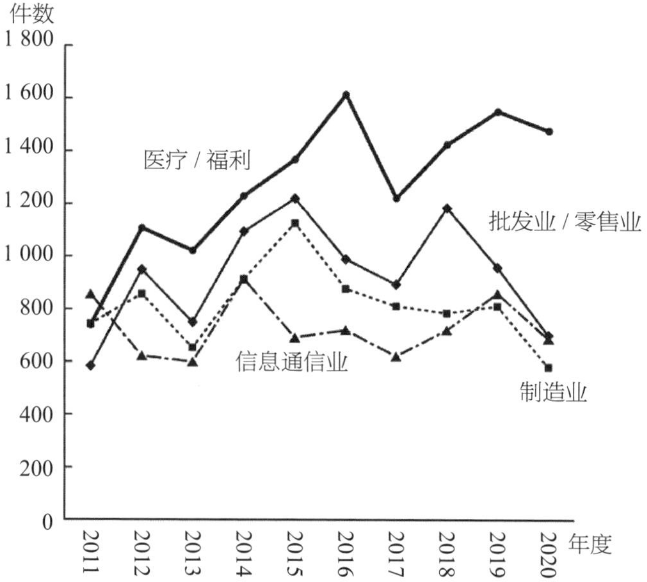

（注）根据东京都产业劳动局发布的《东京都劳动咨询状况》制作而成。

的相关案例有737件，2020年则达到了1 480件，近10年间增加了一倍多。并且，从占比来看，2011年度是“信息通信业”位居第一，但从第二年的2012年开始连续9年都是“医疗/福利”位于榜首。

笔者担任理事的“NPO法人POSSE”和“综合支援联合工会”在2019年按照行业类别对“职权骚扰/霸凌”进行了统计，结果也是“医疗/福利”位居第一，占25.2%，是位居第二的“批发业/零售业”（12.0%）的两倍多。

至于为什么医疗/福利行业容易发生职场霸凌，人们经常会提到以下两点：一是人员密集，因而人际关系也较为复杂，容易产生纠纷；二是该工作需要为特定的个人提供广泛的医疗看护服务，很容易产生压力。但事实上，事情并非如此简单。

职场霸凌对策倒数第一!

医疗/福利行业的职场霸凌与经营者的应对态度有很大的关系。

我们先来看看厚生劳动省2021年公布的《关于职场骚扰的实态调查》的相关数据。针对“工作单位是否对职权骚扰采取了预防和解决措施”这一提问，厚生劳动省按照行业类别对劳动者的回答进行了统计。

回答“采取了措施”的行业中，“金融业/保险业”位居第一，占61.7%，位居第二的是“信息通信业”，占56.0%。与此相对，倒数第一的是“医疗/福利”，只有27.1%（表3.2），比平均数据的39.2%还低10多个百分点，是所有行业中唯一跌破30%的行业。换言之，在医疗/福利行业，有70%以上的职场并未对职权骚扰采取过对策。

医疗/福利行业的霸凌事件最多，采取对策却最少。或者应该说，正因为没有采取对策才导致霸凌现象最多。不管怎么说，仅从数据来看，该行业的多数经营者会被指责是在有意识地放任职场霸凌不管，并不令人意外。

表 3.2　各主要行业类别中，对职权骚扰的预防和解决采取了措施的比例

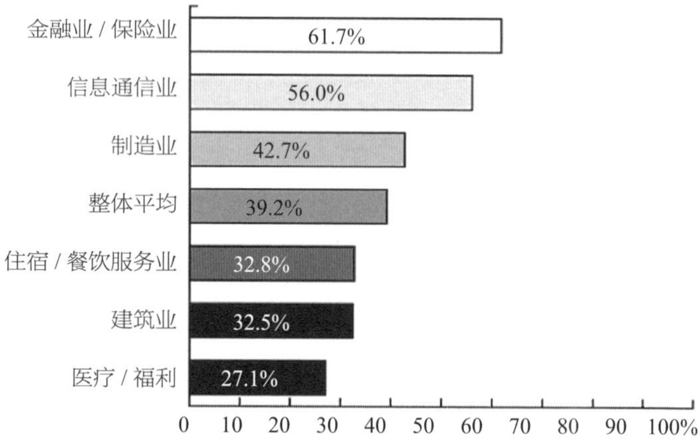

（注）根据厚生劳动省发布的《关于职场骚扰的实态调查》(2020）制作而成。

从保育和护理类职场发来的咨询邮件

与霸凌相关的咨询，虽然来自医院和残障福利设施的也比较多，但最为突出的还是来自保育和护理职场的咨询。

若在互联网检索“保育”和“霸凌”或“护理”和“霸凌”等关键词，将会检索出很多关于此类经历的文章，以及如何才能不被上司或前辈讨厌，该如何改变自己等关于应对方法的指导类文章。

在这类网络信息中，并没有言及相关职场的根本性问题。但是，即便起因是职员之间的人际关系，那也是由于严苛的劳动环境造就了霸凌赖以滋生的土壤。

“综合支援联合工会”的支部“护理/保育联合工会”近年来越发频繁地收到此类咨询邮件。下面是2021年一名工作不到一年的20多岁女性发来的咨询邮件，由于该案例特别典型，请允许我直接引用其部分内容：

我在职场中受到了霸凌。其他职员总是一团和气地聊着天，却唯独无视了我。不仅如此，他们还在背后说我在工作时不勤快、不合群等坏话。还向园长报告一些有的没的事情。园长虽然了解这些情况，却只跟其他职员面谈，而不听我的主张。我该怎么办才好？……

如果光是上述内容，我们只能知道当事人在职场遭受了霸凌。

但是，只要阅读了这一咨询邮件所记载的其他基本信息，你就会对该职场有一个更加立体的印象。通过该邮件，我们可以得知，该女性虽然是正式员工，但基本工资怎么看都接近法律规定的最低薪金；而从加班费每个月固定只有几千日元，且每个月的加班时间都非常长来看，可知加班却拿不到相应加班费的情况已经常态化。职员人数相对较少，待遇又恶劣，工作负担却很重，笔者已经可以想象到相关员工的满腔不满情绪以霸凌的形式发泄出来的情景。

遗憾的是该咨询者没有再向我们透露更详细的内容。

其实，想竭力把职场霸凌的实态告诉我们，但之后却又断绝联系的咨询者很多。在本章中，笔者将从数量庞大的咨询案例中，介绍一些对霸凌的相关信息掌握得比较清楚的案例。

看护劳动的最前线，普遍存在怎样的霸凌呢？保育和护理行业的职场到底发生了什么？

2

保育园的霸凌案例

案例1　同事的玩笑成了被霸凌的导火索

A是一名保育员，在一家有国家认定资质的社会福利法人经营的、规模超过100人的保育园工作。她是一名临时工，与保育园的人事合同是一年更新一次。迄今为止，加上自身育儿经历的话，她已有10年以上的保育工作经验。

然而，A却遭到了来自同事的霸凌。起因是同为临时工的保育员B的行为。有一次，保育员B像小学生玩恶作剧般拿A的名字开了玩笑。A虽然感到不愉快，但觉得跟她闹僵的话也不好，所以就低头恳请她不要再开这种玩笑。没想到B反而生气地说："我怎么喊你，那是我的自由吧？你这是在对我指手画脚吗？"

实际上，在保育园日常的打扫及消毒工作中，B一直在偷懒，一边说着“这种工作烦透了”，一边趁园长不在的时候躲到别的房间休息、聊天，而给她善后的总是A。尽管A向园长或主任汇报过这一情况，但他们根本没有对B进行处罚。而B似乎一直很讨厌工作认真的A。

其实，这种现状的背后隐藏着该保育园的结构性问题。园长及该园的正式员工对非正式员工的保育员有着一种高人一等的态度。于是，被看低的非正式员工的保育员就向同为临时工的其他保育员发泄自己的压力。在该保育园，像打扫厕所及防止新冠病毒感染的消毒工作全都只让非正式员工来做。园长以“必须要保护好正式员工”为由将这种分工正当化了。此外，即便在保育园的幼儿们面前，也会对正式工和临时工进行严格区分，称呼正式工的保育员为“老师”，而称呼临时工保育员时则是姓名加“さん”（日语中的一种敬称，但程度低于称呼对方为“老师”）。可以看出，该保育园从最初开始就没有打算同等对待临时工和正式工。

A对B拿自己的名字开玩笑而感到不满的事情，大概因为B向园长做了汇报，导致A被园长叫去谈话。然而，园长的话却令人意外，她说：“至于谁怎么称呼你，有什么关系呢？我可不喜欢什么‘受害’‘加害’之类的措辞。何况，是你在‘要求’别人这样那样吧？”

可以看出园长对非正式工之间的“争执”毫不关心，从她的语气来看，似乎在指责A才是引起争执的元凶。

不仅如此，更过分的是，园长竟然对她说：“你适合这个职业吗？是不是再找找其他工作？”园长的这番话就好像是说A做保育员不合格一样。

霸凌者扩展到全体保育员

其后，大家似乎把园长认为B没有“过错”的判断当作了一种信号，这导致针对A的霸凌行为扩展到了全体保育员。

于是，A的鞋柜上面的姓名贴被人撕掉了，A从家带来的用于哄园里哭闹的孩子的玩偶消失不见了，A为保育园的孩子们亲手制作的姓名贴也被扔到了垃圾桶里。

作为统率保育园所有班级的保育员主任也针对A实施了霸凌，例如，等资料快到截止日期时才发给她，不发给她活动的计划表而使得她无法掌握工作信息等。A曾向主任求助说，“B拿我的名字开玩笑，我感到很痛苦”，没想到第二天A下个月的工作表竟被涂成一片雪白，她的排班被全部抹除了。

想跟大家提前说明的是，并非同为临时工的B在职场上有什么势力或者跟上层有什么关系。而是园方认为，仅仅是自己被别人拿名字开了个玩笑、同事偷个懒这点小事就特意制造“纠纷”的临时工A才是“麻烦制造者”。结果，A作为大家发泄压力的出气筒，或者说作为应该被赶走的“麻烦”而成了大家“可以霸凌的对象”。

令人无法接受的儿童虐待

该保育园还存在其他问题，即隐瞒园内虐待儿童的事实。

该园的主任及有正式编制的保育员会将不听话的部分孩子关在小黑屋里作为惩罚，且这种现象已经常态化。

该保育园规模较大，有100多名儿童，由于每个保育员平均需要照看的儿童数量过多，她们无法时刻顾及每个孩子。于是，出现了将“麻烦”的孩子关起来，给他们以恐惧感，从而让他们变得老实的现象。

在这些经常被关小黑屋的孩子中，有一个因为年纪已经算是保育园中比较大的了，所以能将自己的遭遇讲给家长听，这最终导致其家长在监护人会议上向园方提出了质疑，认为孩子们在保育园内遭到了虐待。

园长为了掩盖事实，竟然在监护人会议上做了虚假的说明:“那是在关了灯的屋子里玩天象仪呢。”但这种说辞实在无法令家长们接受，该园长最终不得不将虐待孩子的相关保育员调到（该保育机构品牌旗下的）其他保育园，才算勉强掩盖了问题。

对于这次事件的处理，园长的解释是“必须保护职员”，但A觉得真正需要保护的难道不是那些孩子吗？她无法赞同园长的言论，并对保育园的这一处理方式非常不满，而A的这一态度似乎加剧了园长和其他保育员对她的排挤。

“你要是不顶撞就没事了”

给因同事霸凌而疲惫不堪的A以致命一击的是这一年秋天与园长的一次面谈。关于下一年度的雇用合同，园长告知她说：“合同将不再更新。半年前就已经跟你说过了，后面你就找找其他工作吧。”

其他非正式员工都更新了雇用合同，而且也没见保育园有经营恶化的样子，于是A就向园长询问了原因，得到的回复是“大家都对你有意见”。在面谈结束时，园长顺嘴说了句“你要是不顶撞就没事了呀”。A心里想，这是指B拿她名字开玩笑的事情呢，还是指保育园里虐待儿童的事情呢。不管怎么说，这仿佛就是在告诉A，他们不需要“兴风作浪”的保育员。

园长将A赶走，只是想恢复以往的“平静”。之前，园长也曾突然解雇过令其不满意的保育员。

A虽然不是出于本心，但还是向园长低下了头：“该改正的，我一定改正。”

该改变的本不应是A，而应该是漠视非正式员工和保育园儿童，只考虑安稳运营保育园的园长。然而，A当时只能选择低头顺从。

案例2　告发虐待事件，却遭到彻底无视

年过40的C，由于孩子上了大学不再需要她照顾，以及丈夫的意外去世导致其家庭在经济上有些窘迫，于是她通过考试取得了保育员资格，并决定作为临时工在东京都内的一家保育园工作。

该保育园有50名左右的儿童，中等规模，是一家“认可外”保育园[①]，但因其符合东京都独自的基准，所以成了一家能获得补助金的“认证保育所”。第一次在保育园工作的C充满期待，心想这应该不会是太差的保育园吧。

然而，她最终还是因为在职场受到霸凌而主动辞去了保育园的工作。她在工作期间长期受到身为班主任的前辈的无视，虽然也跟园长反映了这一情况，但一直没有得到改善。

霸凌的加害者是一名约有30年工作经验的保育员，是C所负责的班级的班主任。刚开始上班时完全没有什么问

① 指未获得国家基准认定，但符合自治体组织独自的设置基准，需要获得自治体组织的批准并接受检查和监督的保育园。——译注

题，但自从发生了一件事之后，霸凌就开始了。该事件的起因是针对园里儿童的虐待现象。

这个班主任将一名怎么也不愿意吃午饭的2岁女孩关进了设置在教室角落的一个围栏里。这个孩子边哭喊着“放我出来”边从围栏里伸出手来，而其他孩子则在她的哭喊声中继续默默地吃着午饭。等其他孩子吃完饭，这个女孩才终于被放了出来。C虽然感到震惊，但没能反对班主任的做法。之后，每当这个女孩哭泣的时候，班主任就对她大吼“别哭了”，小女孩则被吓得咬着嘴唇发抖。

还有一次是在折纸活动的时候发生的事情。有一个与其他孩子相比发育较迟缓的男孩没参加折纸活动，而是在教室的一个角落里独自玩耍。结果，该班主任竟骑跨在孩子身上，抓着孩子的脚将他拖回到其他孩子活动的场所，之后又按着孩子强迫他参加折纸活动。直到男孩开始大声哭喊，该班主任才停手。C走过去想帮助安抚一下男孩，班主任却对她吼道："别管他！"

此外，有一天，另外一个2岁的孩子在散步途中向班主任求助想要上厕所，班主任却对他说“为什么现在才讲？我可不管。随便你怎么办吧”，最后该小孩只能尿在纸尿裤里。

对班主任的这些行为无法忍受的C向园长汇报了此事。班主任受到了园长形式上的警告，此后露骨的虐待行为也终于减少了。然而，这件事却成了C遭受霸凌的导火索。

这个班主任开始了对C的彻底无视，晨会或休息时间的闲聊自不用说了，连孩子们的信息也不跟她共享。C找园长求助，但园长也只是听听，并没有认真地放在心上。其他保育员或许是不愿意被卷入其中，所以谁也没有站出来帮C说话。

这所保育园的保育员人数虽然符合国家配置基准[①]规定的最低要求，但也只是勉强压着最低合格线。保育员想要获得哪怕1个小时的休息都是不可能的，就连上厕所也基本上只能忍到忙完工作再去。对儿童的虐待和对其他职员的霸凌就是在这样的状况下得以横行的。

工作了将近一年后，由于无法忍受这种严苛的劳动环境以及来自同事的无视，C主动提出了离职，现在已经辞去了保育员的工作。

案例3　员工因“按时下班”而成为“打杂人员”

20多岁的D，作为正式员工在一家社会福利法人经营的、有资质的保育园工作。因为在录用面试时被告知“没有加班”，所以D觉得该保育园的工作应该比较轻松。

① 这里的国家配置基准，是指日本政府为不同年龄段的不同数量的由保育园照看的儿童所设定的最低限度的保育员人数。——译注

然而，当D入职后，在其按时下班的第二天，就被前辈们挖苦说“你真是好大的排场啊”，并由此开始了对她的霸凌。前辈们以“这是新人的任务”为由，让D在每天的休息时间一个一个地去问清楚其他前辈职员是想喝绿茶、红茶还是咖啡，并帮他们端茶倒水，把她当作了一名打杂人员。当然，D的休息时间也就没有了。

而且，说什么没有加班简直是弥天大谎，作为正式员工的保育员们每天需要花3—4小时加班写文件已是普遍现象，D受到前辈的“指导”后，也只能服从。

与约定相违的长时间劳动，以及由此引起的前辈的霸凌，D虽然不能认同这些现象，但又不敢自己发声，于是就与丈夫商量了此事。D的丈夫打了好几次电话，但本来应该在保育园的园长和主任却一直假装不在，逃避回应此事，并放任霸凌不管。工作了约3个月后，D最终决定辞职。

案例4　职场同事相互对立导致活动失败

E作为应届毕业的正式职员，在一家有国家认定资质的、能招收100多名儿童的规模较大的保育园工作。令人吃惊的是，该园的约30名保育员竟分为好几派小团体，互相说着对方的人格或者工作上的一些坏话。可以说是处于一种“霸凌交战”的状态，当这种对立变得激烈的时候，才刚工作几个月的E只能默默地装作没看见。

这些保育员之间，连关于工作的最低限度的沟通都没有。平时的保育工作就不必说了，当遇到像运动会之类的活动时，由于本应大家分担完成的工作没有完成，同事之间竟当着儿童家长的面吵起架来。E说，她特别担心会发生什么事故，让孩子们受伤。

保育员之间摩擦不断，并不仅仅是人际关系的问题，其背后同样存在人手不足和长时间拿不到加班工资的问题。由于该园只招了刚好符合国家配置基准的职员，所以只要缺了一个保育员，保育园的工作就将周转不开。当然，保育员也无法获得合理的休息时间。

园方规定只支付下午6点之前的加班费，且上班的考勤不是打卡制度，而是用出勤簿登记上班时间和下班时间，还要求下班时间无论多迟也只能写到下午6点。保育员的实际工作时间是8小时的劳动时间加上员工实际上并未获得的1小时休息时间，共计9小时。因此，如果是负责早班儿童入园工作的保育员，那么她的工作时间就是从早晨7点半到下午4点半。如果需要加班，那么加班时间只能计算下午4点半到6点之间的时间，也就是说最多也只能支付1.5小时的加班费。但是，如果是不负责早班的保育员，她们的上班时间是9点，由于考勤的下班时间最多只能记录到下午6点，所以无论之后加班到几点，她们连1日元的加班费都拿不到。

此外，由于人手不足，平均分配到每个人的工作量也很大，大家每天都需要加班2—3小时来处理文件类工作。E本人也曾经留下来加班到晚上10点。但由于园方的规定，她基本没有拿到过加班费。上述情况导致了大家互相将不能早回家的原因归咎于对方而向对方发泄压力的恶性循环。而园长及经营者优先考虑的是削减人工费，对职员之间的对立和无法有效沟通的职场环境则是放任不管。

案例5　“别以为长得可爱就可以被宽待”

F是一名20多岁的无工作经验的应届毕业生，在一家社会福利法人经营的有国家认定资质的保育园工作。该园规模较大，有100名左右的儿童在园。因为录用面试时保育园对她说入职第一年只需要跟在前辈后面学习，所以她觉得很安心。

然而，F在入职后发现由于园里只配备了刚好符合国家配置基准的职员，她根本没有闲暇跟在前辈后面慢慢学习。由于前一年离职人员较多，从4月份开始，F就突然被委任为十几个孩子的主要负责人。于是，F跟园长商量说，自己是新人又没有经验，可能无法胜任这个任务，但只得到了园长的“再坚持一下”的鼓励。

另一方面，由于自己试图拒绝被委任的工作，F遭到了前辈及同事们“别以为长得可爱就可以被宽待”的警告，并成了他们的霸凌对象。前辈职员在指导她工作时，会比对其他人更为严苛，有时还会无视F的存在。

由于难以忍受过重的工作任务及霸凌，F患上了精神疾病，并于大概3个月后离了职。她表示自己再也不想在保育园工作了。

案例6　否定人格和无视也是“教育的一环”

20多岁的G在一家有150名儿童在园的规模很大的保育园工作，是刚工作不到一年的正式员工。入职前的面试本来感觉氛围还挺好，但一旦开始工作，G就发现唯独自己被盯上了，主任会以“指导”之名对其进行人格否定，骂其“笨蛋”。G每次接受主任的指导，都是从头道歉到尾。这导致G渐渐变得没有食欲，且经常失眠。此时，针对G的职权霸凌行为已经持续了半年以上。

G向园长反映了这一情况，然而园长并没有表现出特别关心的样子，甚至对G说“新人挨骂才能成长”，之后也没有采取任何措施。

原本听说该保育园基本上是没有加班的，但实际上G每天都需要早晨7点40上班，并一直工作到晚上7点左右，而且从没拿到过加班费。身心健康都出了问题的G觉得自己可能不适合保育这一行业，准备工作满一年就辞职。

霸凌的背后存在配置基准过低而导致人手不足的问题

乍一看，好像是人际关系的纠葛导致了保育职场的霸凌，但实际上，这些霸凌事件的共通点在于人手不足导致的严苛的劳动环境。

那么，为什么会出现人手不足的问题呢？这是因为针对保育员人数的国家配置基准原本就很低。且政府拨给保育园的运营费仅包含了与配置基准相应的人员费，也就是说，即便保育园想要雇用比配置基准更多的保育员，政府也不会拨更多的款。

超出配置基准的保育员需要园方自己承担成本，这就导致很多保育园为了降低成本而将保育员人数控制在最低合格线上。

而且自2021年起，国家进一步降低了这个配置基准，原本规定班级负责人必须是正式员工，但现在也允许由非正式员工（多数是身为家庭主妇的临时工）单独负责一个班级了。因此，面对人手不足的问题，保育园不是通过增加保育员人数，而是试图通过增加非正规保育员的负担来解决。

其结果就是对保育员的工作要求变得更为苛刻了，一名保育员必须负责照顾很多孩子，别说休息时间了，就连上厕所也几乎是不到下班时间就没时间去的状况。由于保育员的工作需要时刻关注儿童的安全问题，对意外事故的恐惧往往会让保育员感到身心疲惫。

为获取“运营费”（政府的财政支援）而进入保育行业的企业不断出现

近年来，为了消解保育园不足的问题，政府制定了一系列制度，使得外部资本更容易进入保育行业。

如上文所述，厚生劳动省会向保育园支付运营费，内含与在园儿童数量相应的配置基准所规定的保育员的人员费，且人员费占运营费的约80%（小林美希：《保育崩溃》，岩波新书，2015）。2000年以前，对运营费的使用是有严格规定的，其中约80%需要直接用于人员费。在此基础之上，如果再算上由国家支付的待遇改善费，以及东京都地区独有的人员费补助金，那么在东京23区的保育园工作且拥有7年以上工作经验的保育员的年收入能达到560万日元左右。

然而，2000年以后，为了促进新的资本进入，国家对运营费的用途也放宽了限制，让保育园更便于确保自己的利益。

起决定性作用的是，政府因为过于想要解决“待机儿童”[①]问题，而于2015年放宽了相关限制，让负责保育园运营的股份有限公司，可以将本应用来给员工支付薪水以及维持保育园运营的政府资助款，用于给公司股东分红。

这样一来，将人员费计入运营费不就没有意义了吗？笔者去拜访了内阁府，与相关负责人进行面谈并询问了此事。结果对方答复我说，运营费的约80%是人员费，也只是一个“大概的标准”而已，这么做并没有什么问题。

像这样，运营方将保育员人数控制在最低标准，通过大幅克扣按照配置基准发放的人员费来获得利益的行径已经无法阻止。人员费的支付远远低于80%的企业变得非常多。特别是由股份有限公司运营的保育园，有的甚至只从运营费中拿出20%—30%来支付人员费。那些每天艰苦工作，但月薪却不到25万日元，年收入仅200多万日元的保育员来笔者这里咨询的情况并不少见。非正式员工的话，园方会将计时工资压低到都道府县规定的最低标准，即便是正式员工，他们的基本工资也往往是最低薪金水平。

最近，对保育现状毫不关心而一味追求利益的经营者正越来越多。这类经营者将经营工作完全委托给园长，而全权管理现场的园长为了顺应企业提高利润的要求，也会

① 指未能进入保育园的儿童。——译注

一味地致力于“削减成本”。不仅仅是股份有限公司，就连社会福利法人经营的保育园，也都想着要充分享受政策的福利，并一再减少职员人数或者降低薪金，这种利益优先的倾向正变得越来越强烈。

3

护理类职场的霸凌案例

案例1 “改革”带来的职场霸凌

年过60的H是一家附带护理服务的高龄老人住宅设施的“介护士”①，事件发生在其退休后作为非正式员工得到返聘并开始工作的第二年。该设施内约有100名老年人居住，可以提供日间护理服务和上门护理服务，规模较大，其运营者是一个在首都圈拥有约20家此类设施的医疗法人。H每周工作5天，每天工作8小时，兼上白班和带住宿的夜班。

这一年，为了重整该设施迄今为止亏空数百万日元的经营管理，公司委派了新的经理（设施长）。而新来的经理为

---

① 日语中的“介护士”是指具有护理资格的特殊护理人员，为使行文更易懂，在后文中将直接翻译为护理员。——译注

了扭转亏损局面，实施了各种各样的改革措施。不幸的是，这些改革成了针对H等人的职场霸凌的导火索。

下面，我们就从为霸凌“助跑”的“改革”开始说起。

新来的经理首先进行的改革是针对护理用品的“节约”。在这之前，作为护理必需品的手套及口罩都是用设施的经费购买，而职员可以自由使用的。改革后则增加了限制条件，一天只允许使用一只口罩和一双手套，且手套的种类也换成了廉价的薄手套。职员在进行排泄护理或打扫卫生后要么继续使用之前的，要么就使用自掏腰包购买的口罩和手套。H也因此每次都只能自掏腰包购买新的口罩和手套。

不久后，甚至连手套和口罩也不提供了，而是变成了一种想办法让设施的入住者（也就是消费者）去购买的做法。例如，当需要使用手套时，会让护理人员去拜托入住者“请购买一下手套”，从而理所当然地由入住者承担该费用。这样一来，就“成功”削减了购买手套及口罩的费用。

接着，对本来每周2次都显得有点少的入浴次数进行了限制，那些患有认知障碍或者无法说话的入住者变得每周只能入浴1次了。

虚报入住者餐费的现象也非常普遍，有好几名入住者发觉自己被征收了高于实际餐费的钱。有的入住者被多收的钱达到了3万日元。当发现此事的入住者质问经理时，经理却将责任推给副经理说，“我不清楚，是他计算错了”，以此来搪塞自己的过错。

此外，还存在入住者一年多来因病住院而并不在设施内居住却被从账户上划走了该期间的餐费，留在屋内的羽毛被等贵重的私人物品也不知什么原因就不见了的情况。

一年内有30人离职

实施改革后，职员们的加班费也遭到了克扣。经理有时会通知大家说，“这个月支付的工资比较多，因此出现了20万日元的赤字”“要控制加班”等，其实就是绕着弯给大家施加压力，让大家“不要产生加班费用”。然而，工作量却丝毫没有减少。作为非正式员工的H，每天也会有30分钟左右无报酬的加班。而正式员工中，有的从早晨9点工作到深夜11—12点却拿不到加班费，有的甚至上了夜班后还要继续无偿工作24小时。

加班费之外的薪酬也遭到了侵吞。例如，为了补助因低薪酬而生活困苦的护理员，国家下拨了补助金，这种补助金每个月的支付额度都不同，但是很明显单位根本就没有支付给员工。不仅如此，有的月份甚至连本来应该固定支付给员工的交通费也没有发。

由于经理兼任会计，所以能自由地通过做假账等手段来完成“节约”。有一次，虽然雇用了一名负责会计事务的职员，但对方仅仅工作了1天就辞职了。后来又雇用了一名会计，但也只干了2个月就辞职了。这背后无疑存在来自经理的压力及公司做假账的问题。

此后其他职员也纷纷离职，新经理就任后仅一年的时间里，大约有30人离了职，占了职员总数的一半。针对大量人员离职带来的人手不足现象，经理却对留下来的职员们要求道：“你们要完成之前2—3倍的工作任务。”由于无暇顾及打扫卫生，设施的脏乱现象开始变得极为突出。但由于大幅削减了人工费还能勉强维持设施的运营，这种“效率化”的“成功”竟也成了经理的“丰功伟绩”。

甚至在新冠感染疫情扩大的时期，经理还威胁职员说：“如果出现新冠感染，公司将会起诉你们。”

于是，作为防感染对策的一环，职员们又增加了每天早中晚3次对全体入住者的健康状况进行确认的工作任务。职员们需要一个一个地去拜访入住者，夜里要去问晚安，早上要去问早安，并要给他们测量体温。如果人不在房间，则需要多次前往进行确认。且夜里和早晨只有上夜班的职员在，仅仅2人就要完成约100名入住者的查访。

疫情期间，用酒精对扶手等关键位置进行擦拭消毒的工作也成了一项必要任务，而这进一步增加了职员的身体负担。尽管工作要求越来越苛刻，但H为了不给入住者添加麻烦，仍在努力工作并坚持不降低服务质量。

经理低级幼稚的骚扰

在该设施内部，伴随这类“改革”而来的便是“职场霸凌”。

经理为了发泄压力，会对职员纠缠不休地说一些幼稚的挖苦话。例如，针对一名没有护理资格证、只负责辅助性事务的女性职员，经理会挖苦道：“你竟然没有护理资格证吗？”并将过重的体力活强加给这名瘦弱的女性职员。

而H更是这名经理职场霸凌的主要对象。由于H无法对设施内存在的问题视而不见，并向经理提了一些意见，她因此被经理盯上，成了后者霸凌的目标。

某个炎热的夏日，在H刚上完夜班且十分疲惫的时候，经理却突然要求所有职员去清理设施周围的杂草。H心想，本来就已经有很多额外工作了，经理却还要进一步给大家增加任务，于是回了一句：“你说大家都要参加，那么经理也要参加的吧。”想退却退不了的经理只好跟着参加了割草活动，但这次“事件”成了激发霸凌的关键契机，此后H遭到了越来越多的攻击。

经理有事没事就会挖苦她：“你对我提了很多意见，我看你才是没有在好好工作吧？”当H出现了谁都有可能会出现的、几个月才可能碰到一次的打卡失误时，经理挖苦说："你是4岁的孩子吗？"

经理有时还会编造谎言攻击H。例如，经理会不满地对H说，"我听大家说你老是发牢骚喊腰疼，大家都对你有意见""我听大家说你总是下班时间没到就回家了"等。但当H询问其他同事时，同事们都一脸困惑地说："我们怎么可能对经理说这些事呢？"

尤其让H感到震惊的是，有一天她刚上完夜班，因为腰部的剧痛而不得不弯着腰站着。路过的经理手指着H当着大家的面嘲笑道："H的腰是弯的！"并带头哈哈大笑了起来。"你就不能说句'不要紧吧'之类的安慰的话吗？"H不堪受辱而反呛了经理一句。在场的同事们谁都没有跟着经理一起笑，但也没有人站出来和H一起表示抗议。

因为这些人要么是对经理百依百顺的人，要么就是为生活所迫而不得不留在这里工作的人。

职场后辈也参与霸凌

同事中也出现了霸凌的加害者。该加害者是一名晚于H入职但现在已升为主任的后辈职员。这名后辈对向经理提意见的H说道："你怎么能那样说呢？不服从经理的方针可不行。"不管什么事，这名后辈都会站在经理那边，帮助经理一起对H穷追猛打。

这名后辈也是个问题人物，连铺在纸尿布下面的护垫的使用方法都敢瞎编。通常，一张护垫如果在使用后变脏了，就将护理对象的臀部擦洗干净并换上新的，而这名后辈却编出了一种“高效的”方法，即事先在护理对象的臀部下面叠铺两张护垫，脏了就直接将上面的一张抽掉。由于这样做会导致护理对象臀部疼痛并红肿，所以在高龄的设施入住者中，有人一看到这名后辈就会将门锁上，以此拒绝其服务。

实际上，这名后辈取得护理资格还不到一年，只是一个新人，无论是知识方面还是经验方面，都还绝对地不足。而H的护理资格是10多年前取得的，知识和经验都远超这名后辈。很显然，这名后辈是通过拍经理马屁而被提拔到了主任的职位。散播“H老是发牢骚”这样的谎言的好像也是这名后辈。

企业法人对霸凌和虐待的默认

经理对待职员的种种态度，设施的入住者们每天都看在眼里，尽管他们自己也是受害者，却更加同情H等人的遭遇，甚至有人跑到经理那里去抗议。

然而，经理不但没有接受入住者的抗议去改善对职员的态度，反而指责H他们说：“由于你们的不是才会变成这样。是你们煽动他们来闹的。”

虽然这是性质相当恶劣的事件，但仅仅是这样想的话，可能会把问题归结于经理是个品质恶劣的人这样一种“个人问题”。而实际上，最根本的问题在于法人对这一切的默认。

H赌上了最后的希望，跳过经理直接向法人代表寄去了请愿书，诉说了职场里的不正之风和种种霸凌问题。其他职员也纷纷寄去请愿书。然而，他们没有得到法人代表的任何回复，公司也没有采取任何改善措施。

这大概是因为公司法人认为，比起改善护理质量和职员的工作条件，以及消除职场霸凌来说，维持好不容易才扭亏为盈的现状更加重要，所以可以容忍作为“功臣”的经理为了发泄压力而霸凌善良的职员。

H由于荨麻疹发作，于是打电话对经理说想谈一下辞职的事。但经理总是临时推脱说，“想辞职却只打个电话，真是没有礼貌”“我现在很忙，今天没时间跟你谈”等，根本就不想让H辞职。结果，H不仅患上了精神疾病，还陷入了失眠的痛苦中，常常感到自己没有精神和力气。

但即便到了这种状况，主任还批评H说：“还有工作等着你做，你却要辞职，真是不像话。”由于入住者对H说过“请不要辞职”之类的话，出于愧疚，H直到最后都没有告诉他们自己辞职一事。

在H离职那天，经理露出了未曾有过的愉快笑容，并对她说："请保重身体！"

案例2 "嫉妒"背后的24小时长时间工作、"一人夜班"、护理事故……

30多岁的女性I在一家挂着某大型护理机构牌子的小型股份有限公司工作。工作内容主要是为客人提供日间护理。I拥有准护士和护理员初任者研修国家资格（相当于过去的中级护工），负责康复和护理工作。合同上写的是按时计酬的临时工，但实际上，她上的是每周5天、每天8小时的全班，有时还有夜班，且她一直都在很认真地完成自己的工作。

担任社长的公司管理者几乎不会来现场，所有工作都由没有职务的4名职员负责。而I遭到了其中一名女性前辈的卑鄙的霸凌。这名前辈对I的容姿和服装妄加评论，言语间就好像在影射I不正经一样，还对她说出"你在勾引男人吧？"之类的话，并不断对I进行侮辱。I认为这是比她年龄大的前辈刻意针对她的一种"女性的嫉妒"。

这种骚扰还影响到了工作。进行工作日排班的时候，在I提出自己想休息的日子后，这名前辈却批评她"真是任性”“你一个单身人士，应该首先考虑公司”，并随口拒绝了她的要求。另外，关于上夜班的事，I原本就有精神上的疾患，面试时也跟社长说过不能上夜班。然而，当I在实际工作中拒绝上夜班时，该前辈会质问她“为什么不上夜班？”，并强行给她安排夜班的工作。就连吃午饭的时间也不让她休息，甚至质问她“现在应该不是悠闲吃饭的时候吧？”“你为什么在休息？”

就连I的父亲因事故去世时，该前辈仍逼迫她上班，对她说：“工作和父母，你选一个吧！”

像这名职场前辈对I所做的一系列霸凌，其背后存在着无法用“因为是女性”“嫉妒”等来解释的职场问题。

无法取得休假，与前辈互相推诿工作

该设施的护理人数上限为10人。职员实行轮班工作制，每天都有2—3个职员在岗，对老年人进行护理。有时也会有5—6个老年人连续几天利用这里提供的“含住宿的日间服务”[①]，不过，晚上只有一名职员当班。

社长在繁华街区经营着一家酒吧，为了在这份主业的空闲时间里再赚一笔钱，于是就在几年前加入了护理行业。

① 即消费者接受日间护理之后，晚上可以直接在相关设施住宿的服务。——译注

由于社长本人没有护理方面的经验，因此他将设施里的一切工作都委托给了现场的职员。显而易见，社长并不关心具体的护理工作，他大概只是把护理业务当作一项生意，想通过尽可能多地招揽客户，但配备尽可能少的工作人员来轻松地谋取利益。因此，该设施职员很少，劳动环境恶劣。

正常上下班时间是从上午9点到下午6点，但实际上在下午6点下班打卡后，职员们通常还需要加班1—1.5小时左右。而且，从早晨9点到第二天早晨9点的日班和夜班相连、连续工作24小时的情况，职员们每个月大约会轮到两次。当I找到社长跟他确认当初面试时说过的不上夜班和不能24小时连续工作的约定时，社长却装糊涂地说："有说过这样的话吗？"

就连24小时连续上班时，也没有充分的休息时间，吃饭也都是站着匆匆吃完的。

该机构有时会突然让职员调班或者休息日上班。另外，由于有护理资格的只有I和对I实施霸凌的职场前辈，只有她们可以给接受护理的老人注射胰岛素，因此出现了两人互相推诿工作的情况。还出现过由于前辈休息，I被迫连续工作1周以上而得不到休息的情况。甚至还有突然接到上班命令，公司让同事将车开到I所住公寓的楼下，强制将她带到设施上班的情况。

迟发工资、汇入账户的工资金额与工资明细不一致的情况也时有发生。

原本就常去医院精神科看病的I，在这种工作环境下其病情理所当然地恶化了。但前辈职员却推脱说："难道不是她自己不善于调整造成的吗？"并将问题归结于I自己的责任。

夜班只有一个员工，导致护理对象跌倒、骨折、神志昏迷的现象频发

进一步给职员们增添工作压力的是，由于人手不足、照顾不周而频繁发生的护理事故。被路缘石绊倒、在洗澡间滑倒、从忘了安装护栏的床上跌落等事故几乎每2—3天就会发生一次。护理人员对于此类事故已是司空见惯。

尤其是该设施所提供的"含住宿的日间服务"，由于夜班只有一名职员在岗，却需要照看5—6名老人，这导致发生事故的风险极大。曾经有一名步行困难的年过80的高龄女性，因为想上厕所就按了房间里的呼叫铃，但等了半天也没有等来工作人员，于是就自己借助步行器去了厕所，结果一不小心摔倒导致股骨骨裂。当时，独自一人当班的职员由于正在照顾其他老人上厕所，没能注意到她的呼叫。这次事故后没多久，相同的情况竟然再次发生，且依然是

那名高龄女性，这次跌倒直接导致其股骨骨折。然而，即使护理对象受了伤，由于值夜班的只有一名职员，不能陪护去医院，因此甚至形成了不叫救护车的惯例。

以前已经出过一次事故的I的同事，因连续24小时工作后又被突然追加了夜班，她在中途睡着了，没有听到呼叫铃，结果再一次导致了一名想上厕所的高龄老人跌倒的事故。这名同事明明已经非常疲劳困倦，却还要被前辈大发雷霆："你竟然搞出了两起事故！"

还出现过让一名患有脑梗死、心肌梗死、脉搏和呼吸不稳定的护理对象入浴的情况，结果后者因为血压降低而失去意识，甚至大小便失禁。

由于连正常的护理工作都忙不过来，所以有时候职员就只得让护理对象看一整天电视。甚至出现了职员对着服务对象大声吼叫"等一下再上厕所！"的情况。需要护理的对象中也有不少认知障碍症患者，一些症状较严重者往往会到处乱跑，甚至出现过患者跑出护理设施而当值人员未能发现的事故。

人手不足导致的长时间劳动、超负荷的工作、严苛的轮班制度，以及发生护理事故的风险。这些都是相关霸凌行为背后所存在的工作环境问题。虽然I向社长反映了前辈的言行和职场的实际状况，但是一如前文所述的那些上级管理者，该社长并没有采取任何应对措施。

I最终辞了职，她想要让该公司承担相应的责任，于是到护理/保育工会来进行了咨询。当时的I面色憔悴，不时地呢喃着“我已经不再相信任何人了”。

之后，加入工会的I与公司进行了集体谈判，要求社长对发生在I身上的一系列霸凌事件道歉，而社长最终通过向I支付赔偿金解决了这一事件。不过到那时，上文中的前辈也已经辞了职。

案例3　对机构的“节约”表示疑问，结果遭到前辈斥责、怒吼和质问

40多岁的J在一家养老院工作。全日制、无固定期限，但薪水是按时计酬的。该养老院的上级运营公司在全国范围内开有数十所同系列的护理设施，且目前仍在不断扩张，可以说是正处于高速发展期。

而J在养老院内部遭到了担任楼层长一职的前辈护理员的霸凌。该前辈会当着其他护理员以及设施入住者的面大声斥责J，无论何时遇到J都不给她好脸色。甚至还发生过在密室里训斥J整整一小时，试图逼迫J辞职的情况。

为什么J会遭到如此集中的攻击呢？身为楼层长的那名前辈反复说的一句话就是“因为她不服从方针，所以要解雇她”。但是该前辈并不是公司管理层，是没有权限解雇同

事的。那么前辈所说的方针，到底有着什么样的内容呢？

该养老院多为长年卧床不起的需要高强度看护的高龄者在使用。然而，设施的管理者却告诉职员说这些人是来“康复”的，指示职员们强行让站都站不稳的入住者站起来走路，而J并没有遵循这个方针。为了促使入住者能自己步行到卫生间，养老院还禁止他们使用纸尿裤。

虽然听上去好像是出于好意，是为了让老年人自立，但实际上养老院只是想要节约经费而已。即通过不配备轮椅、不买纸尿裤来削减经费。

“节约”精神甚至渗透到了夏天对空调的使用上，在室温达到需要“严加戒备”的28摄氏度的某一天，J在设施内中暑并倒下了。当然，入住者们也一直抱怨说很热。

事实上，这家养老院对护理工作的不负责任在当地是出了名的。几年前，发生过一件养老院让本来只能靠输液获取营养的入住者吃固体食物而导致其死亡的事件。J曾经被要求到养老院周围的住宅区散发关于养老院上门护理业务的传单，没想到大家对该养老院的评价特别差，J很是吃惊。

这样的“节约”也影响到了工作待遇，例如一天9小时的上班时间内，与入住者一起吃午饭的时间是被算作休息时间的。此外，当然也压根就不会支付加班费。

由于恶劣的护理环境和工作待遇，加上楼层长的霸凌，

J决定与经理谈一谈。但经理却指示她说，“要听楼层长的话”，甚至还蛮不讲理地要求她“向楼层长道歉”。在这种情况下，自然也无法指望养老院会有所改善了。

J被逼入了绝境，精神上的重负甚至导致她得了肠胃炎。为了获得护理员资格而拼命努力积累必要的实务经验的她，精神压力已达到了极限，最终不得不选择离职。

案例4　要么虐待护理对象，要么被霸凌

在K所工作的养老院里，由多名职员实施的诽谤中伤和名为“指导”的霸凌行为一直反复发生。

霸凌现象反复出现的背后，是对护理对象的日常性虐待，且有超过半数的护理员（约10人）参与其中。例如，对于总是到处乱跑的护理对象，他们会通过给房门上锁而将其长时间关在封闭的房间内。对于有认知障碍或失聪的护理对象，他们通常会直接在其耳边大声怒吼。此外，还时常出现护理对象因纸尿裤被系得过紧而呕吐的情况。甚至还有多名卧床不起的护理对象，因遭到护理员以过于暴力的方式强行改变卧床方向而骨折的情况。

那些不能认同这种护理方式的职员，不仅受到了职场霸凌，而且会因为有人向法人“投诉”，诬陷他们对护理对象实施虐待而差点遭到解雇。

在这一案例中，部分职员因为繁忙的工作而失去了正常的耐心和伦理观，将护理对象当作了他们发泄压力的出气筒，以极为粗暴的方式进行管理。而公司法人却对这些虐待行为置若罔闻，没有采取任何特别的应对措施。

K向地方自治体举报了该养老院虐待护理对象的事实。自治体立刻向全体护理对象进行了问询调查，并对该养老院发出了“要求改善”的行政命令。由于是匿名的内部告发，没有人知道K是举报者。但是，据说即便收到了上述命令，这家养老院将护理对象锁在房间内的做法依然没有改变。

案例5　对护理过程中不使用手套表示不满，竟成为霸凌对象

具有护理员资格的L通过一家劳务派遣公司，被派遣到一个有100多人入住的护理设施工作。在工作开始前的入职说明中有提到，“机构严格预防传染病”且“有护士常驻于机构”。

然而，实际上设施内并没有常驻的护士，而且护理员在帮助护理对象排泄或清扫时不戴手套、不用消毒液对手指进行消毒等不卫生护理现象已经是常态。这样下去，无论是在职员中还是在护理对象中，传染病扩散的可能性都

会大大提高。对于这种极度不卫生现象，L向派遣公司的咨询窗口控诉道："现状与入职说明所讲的并不一致。"

于是，L就被现场作为领导的护理员叫过去进行了面谈。本以为会告诉她将采取改善措施，没想到领导对她说："是你将情况泄露出去的吧？你如果不满意，可以辞职。"L反而被训斥了一通。

自那以后，作为领导的护理员开始了针对L的长期霸凌。尤其是L遇到不懂的地方向她请教时，这名领导就会故意用讥讽的语气训斥她说："你连这都不懂吗？"

L向派遣公司反映了这一情况，但最终也只是得到"合不来的话那真没办法""你再待一个月试试看呢"之类无关痛痒的答复。

后来，L患上了抑郁症，看着医院给她开的减轻压力的处方药，她打算趁病情还没有恶化前赶紧辞职。

案例6 "新人就是狗，管教很重要"

作为单亲妈妈的M，取得了护理员资格，并以正式员工的身份在一家股份有限公司运营的附带护理服务的老年公寓开始了工作生涯。她想先在这里积累经验，为将来取得更高级的护理管理资格打好基础。

然而，她在工作中受到了前辈护理员的反复霸凌。例如，这名前辈以她是单亲妈妈为由诽谤她“对男人暗送秋波”，当她与男性职员说话时，还会对她说：“又在约人家啦？”

更恶劣的是，这名前辈护理员甚至说过“新人就是狗，管教很重要”“性格比狗还要坏”等话。即便按照她的指示去做事，也会毫无缘由地受她斥责。

早上本来是9点开始工作，这名前辈却要求职员8点半到班。当M跟她商量说“家里有小孩，希望能允许我9点到班”时，前辈却斥责道：“有小孩又怎么了？”此外，虽然加班比较频繁，也经常出现晚上8点才下班的情况，但M从来没有收到过加班费。据说，其他职员曾经连续工作过40小时。

M从同事那里得知，实际上，在该职场中，来自前辈护理员的霸凌行为并不稀奇，对新人的霸凌可以说是司空见惯，之前已有好几名职员因此辞职。不能忍受这种“管教”的职员也无法忍受无偿加班，因此就被淘汰了。由于高强度的工作和霸凌带来的精神压力，M患上了失眠症和进食障碍，她对此感到苦恼不堪，最后不得不选择了停职。

案例背后存在的“护理服务市场化”因素

自2000年护理保险制度开始实施之日起，人们就一直在对护理职场劳动环境的恶化感到担忧。由于提供护理服务的直接责任不是由政府担负，而是原则上由设施利用者和经营者双方直接签订合约，因此比起保育园来，护理服务业更为露骨地导入了市场机制。经营者招揽到越多的设施利用者使用他们的服务，就能获得越多的来自政府的护理报酬，这是他们的主要利益来源。对唯利是图的经营者来说，比起保育园，护理行业显然更容易加入，因此出现了护理行业中股份制公司占比急剧增长的现象。

其结果是，在彻底地削减人员费和设备的基础上，经营者一方面在“效率”至上理念的驱使下，要求职员在短时间内完成过量的任务，逼迫他们实施不恰当的护理，另一方面，又给职员强加一些不必要的任务，导致护理质量下降和劳动条件恶化。这样的经营者可谓层出不穷。

然而，雪上加霜的是，国家在对原本就不高的护理报酬进行每3年1次的修订时，又多次进行了大幅度下调。因此，职员的薪金一直没有得到提高，人手不足的现象极其普遍，工作条件在恶化，虐待等不法行为也越来越横行，这就是护理行业的现状。

4

保育和护理类职场霸凌的三个“效果”

“矫正”“清除”“反面教师化”

就本章中所介绍的保育和护理类行业的职场霸凌来看，可以说在绝大部分案例中，是人手不足导致的长时间劳动以及工作中无法获得休息时间的高负荷劳动等恶劣的工作环境造就了霸凌现象滋生的温床。在此，笔者想结合第二章中所讲的放任职场霸凌不管的“合理的”理由，就本章涉及的霸凌的“效果”做一些思考。

首先，霸凌作为发泄不满及压力的出气手段横行于职场，这一点是众多案例的共同点。虽然本章的案例中并没有很多像第二章中介绍的超出过劳死认定基准的长时间劳动现象，但从根本上来讲，严苛的劳动环境是这两者之间共通的因素。

在此基础之上，我们可以从本章的很多案例中看出受霸凌方也存在几种情况。首先，是将设施内存在的虐待等不恰当的保育或护理行为向上司进行反映或者提出疑问而遭到霸凌的情况。其次，是仅仅因为不能赞同上述行为而被盯上的情况。最后，则是在严苛的劳动和无偿加班的环境下，想优先考虑自己的身体健康和家庭而导致被霸凌的情况。

为什么这些本应是正当的行为会成为受敌视、遭霸凌的原因呢？可以说，这是因为霸凌可以起到三个“效果”。

第一个效果是可以“矫正”职员。那些刚刚取得相应的工作资格、想认真工作而干劲十足的“稚嫩”新人是需要“矫正”的典型目标。此外，那些有丰富工作经验的人也同样容易成为“矫正”的目标，这是因为他们以前工作时有良好的职场环境，一直在为服务对象提供优质服务，到了新的职场时，他们也往往会秉持以往的那种细心周到的服务习惯。这些想要将教科书中所鼓励的理想的保育或护理理念付诸实践的职员，对于利益至上的机构来说，就是扰乱现场秩序的“麻烦制造者”。因个人原因对加班或排班提出自己的主张的职员也是“同罪”。要想让这些人学会“现实的”做法，并将他们改造成服从上司或前辈以及“成本削减”理论的不会抱怨的职员，就必须通过霸凌的手段来实现。

第二个效果是可以“清除”不合格的职员。通过无视、侮辱等行为给予对方精神上的痛苦，或者捏造问题给对方扣上“嫌犯”的帽子，可以将那些总是不听话的、无法“矫正”的“不合格”职员“挑选”出来，并驱逐出队伍。

第三个效果是“反面教师化”。对那些不顺从的职员实施霸凌，可以对其他职员起到“杀鸡儆猴”的“效果”。有时甚至可以让其他职员也参与霸凌。通过这些措施，可以反复地让受害者之外的职员形成一种对待保育或护理工作不能太认真、不可以主张自己的利益的自我意识。或许不是出于主观意图，但事实上主导霸凌的加害者也由此强化了其自身的身份认同。

行文至此，我们可以看到，在保育和护理职场的众多霸凌事件中，职员间的沟通问题并不是根本性问题。根本性问题是社会福利沦为商业手段，以及为了“迎合”经营者利润至上的方针而试图改变职员们的思想、劳动方式以及人际关系，这最终导致了霸凌的蔓延。

第四章

针对发育障碍者的霸凌

1

急剧增长的发育障碍者的霸凌咨询

5年间增长至5倍

在本章中，笔者想介绍一些与“发育障碍”，尤其是与ADHD（注意缺陷多动障碍）相关的职场霸凌情况。也许有很多读者会一下子摸不着头脑，为什么会关注这个问题呢？这是因为针对发育障碍者的霸凌突出地反映了近年来日本职场霸凌的倾向。

此外，也与笔者的切身体验有关。笔者在近几年的劳动咨询中频繁地听到“被上司怀疑为发育障碍者”“被诊断为发育障碍后，在公司内的处境变得恶化了”之类的声音。

厚生劳动省的相关统计数据也明确显示了与发育障碍相关的劳动咨询数量在增长。随着《关于防止发育障碍者受虐待以及对发育障碍者的养护者实施支援的相关法律》（《发育障碍者虐待防止法》）的实施，厚生劳动省自2013年起每年会发起针对“雇用方对发育障碍者的虐待状况等”的调查并公布调查结果。这是厚生劳动省根据劳动局接到的来自全国各地的劳动咨询和报告，按照“身体障碍”“认知障碍”“精神障碍”“发育障碍”等障碍类别对虐待行为（分为“身体虐待”“性虐待”“心理虐待”“弃置虐待”“经济虐待”）所做的分类统计。

这里所讲的“虐待”有很大一部分是与职场霸凌重叠的。关于“身体虐待”，一般是指“对发育障碍者的身体施加造成外伤或有可能造成外伤的暴力行为，以及无正当理由地拘束发育障碍者的身体的情况”，作为具体的例子，我们可以列举出“掌掴、殴打、脚踢、打倒、拧脖子、强行塞入食物或灌入饮料、烫伤、捆缚、禁闭”等行为。

另外，关于“心理虐待”，是指“对发育障碍者施加明显的语言暴力、明显的拒绝排斥行为以及其他对发育障碍者造成明显心理性外伤的言行”，作为具体例子，我们可以举出“怒吼、咒骂、说坏话、孤立、当作孩子戏弄、无视”等行为（引自东京都福利保健局主页）。

下面笔者想引用一则被厚生劳动省认定为对发育障碍者实施身体虐待和心理虐待的典型案例。

遭到包括职场上司在内的同事的语言暴力，例如“呆子”“你要是不在的话，我们就轻松了”等。遭同事用拳头和铲子击打头部。被说打招呼的方式不对，下班后被留下来训斥了很长时间。（合同制职员，制造业）

[摘自厚生劳动省平成27年（2015年）发布的《雇用者对发育障碍者的虐待状况等》]

且这类虐待事件的咨询数量呈增长趋势（表4.1）。将该调查首次实施的2013年度和数量最多的2018年度进行比较的话，可以发现，举报和申报遭受虐待的发育障碍者人数（符合多项虐待类别的，做了重复计算）由40人增加到

表 4.1　与发育障碍者遭受虐待相关的举报 / 申报人数的推移

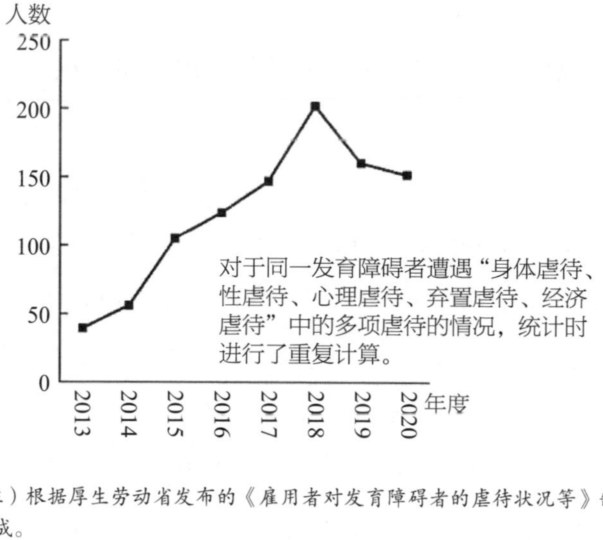

（注）根据厚生劳动省发布的《雇用者对发育障碍者的虐待状况等》制作而成。

了202人，5年的时间内竟然急剧增长到了之前的5倍（不过，2018年之后开始稳定在150人左右）。即便是从同时期的所有发育障碍者的劳动咨询人数（符合多项虐待类别的，做了重复计算）由1 222人增加到了2 329人这一现象来看，我们也可以发现，与发育障碍者遭受虐待相关的举报/申报人数的增长速度是很突出的。

ADHD患者的劳动问题，取决于上司的考虑

笔者的实际感受是，在与发育障碍者相关的劳动咨询中，与“ADHD”相关的咨询数量正显著增加。ADHD是发育障碍中的一个主要方面，成年患者的主要特征是“多动性和冲动性”以及“粗心大意”[以下记述参考了岩波明老师的著作《发育障碍》（文春新书，2017）和《成年人的ADHD》（筑摩新书，2015）]。

多动性和冲动性特征的表现包括极度爱讲话、不能安静下来、心直口快、想到什么就说什么等。粗心大意这一特征的具体表现包括在会议或工作中不能持续保持注意力、工作拖延、工作速度慢、容易混乱、不善于管理时间和整理事物、容易丢三落四、不能遵守约定等。

虽说是粗心大意，但实际上ADHD患者并不是缺乏“注意力”，而是比其他人更过度专注于眼前的事物，导致

注意力的分配能力较差。这类患者难以自然而然地注意到外界情况，不善于将注意力分散到多个事情上。另一方面，他们会对感兴趣的事物表现出高度的注意力，这有可能使他们在工作中获得成就。

上述种种倾向在职场中往往会引起摩擦。例如，因为重复犯同一种错误而受到上司或同事的频繁斥责；虽然患者本人自认为是在很认真地工作，但却被周围的人认为是在偷懒或者被别人当傻瓜；由于注意力不集中而不能认真听取上司的意见；由于有较强的冲动性而容易出现在对方讲话时打断对方，自顾自地发言等情况。

对于这类ADHD患者，职场中的其他人能做些什么呢？只要读一读与ADHD相关的书籍（如前文所述），就会得到一些关于应对方法的提示。例如，为了避免他们因注意力不集中而犯错的情况，可以建立多层次的事务确认机制（通过多次确认让他们重新集中注意力）；为了避免他们因同时做几件事而混乱或者忘记应做的事，则需要尽量不要在他们的工作过程中给他们追加其他任务（可以委托给其他同事）。这类书籍也明确指出了，由上司来创造和完善这样的工作环境很重要。而且，创造这样的工作环境不仅仅有利于ADHD患者，因为良好的工作环境能让所有劳动者都受益。

然而，现实中不正是由于无法创造这样一种职场环境，才导致霸凌事件发生的吗？

以ADHD为理由的解雇

在介绍与ADHD相关的职场霸凌案例之前，我们先来看看霸凌之外的其他劳动咨询模式。

首先，我们可以看到有以“能力不足”为理由而解雇ADHD患者的案例。这在法律上，通常被归类为“普通解雇”。虽然如果劳动者实在无法胜任相关工作，从法律角度来讲是可以认可将其解雇的，但这种认可并不是那么容易就能获得的。可惜的是，在现实中，由于别人的一句“你完全不能胜任这个工作”，就将责任归咎于自己而低头接受解雇的劳动者非常多。那些被诊断为发育障碍的人就更不用说了。

笔者也收到过患有发育障碍的劳动者遭遇“惩戒解雇”①的咨询。这是以工作条例中规定的“必须专心于自己的工作任务”等条例为依据，以工作态度不端正为理由而进行解雇的案例。这也是无法轻易就能得到法律认可的。

有的用人单位有更巧妙的做法，即在得知职员患有发育障碍后，考虑到如果立即将其解雇的话将会有法律上的“风险”，就将该职员调到属于残障人士雇用范畴的岗位。

① 指当员工违反公司制度或者工作表现不佳时，用人单位根据其内部规章制度或合同约定而单方面解雇员工的一种惩罚性解雇。——译注

由于这种调动直接关系到劳动条件的下降，所以也会出现有的用人单位有意地通过这种调动迫使劳动者自己主动辞职的情况。甚至还出现了上司将劳动者强行带到精神内科，抛开劳动者本人而缠着医生说“请开一下诊断书”“能给个障碍者手帐[①]吗？”之类情况的劳动咨询。

这类案例虽然在劳动咨询中没有被归类为“霸凌/骚扰”类别，但其显然可以被理解为广义上的霸凌。下面，我们来看一看以ADHD患者为对象的更为直接的职场霸凌的现状。

① 日本会向符合条件的残障人士发放“障碍者手帐”，相当于一种证明，持有者可以以此为凭证，享受相关福利。此处上司的目的就是想要合法地将患有发育障碍的职员划为残障人士，从而实施上文中的调动。——译注

2

针对ADHD患者的职场霸凌案例

案例1　嘲笑ADHD患者的职场

30多岁的A是一名从事服务业的专职工作者。之前她一直是非正式工，基本是合同到期就得换工作单位，而在现在的单位，则是经过一年的非正式工后，终于转为了她心心念念的正式工。

A从学生时代起，就隐约感到自己比其他人要容易忘事，注意力也容易涣散。在以前的职场也存在经常出错、工作比别人慢、工作中注意力不能持久且受到强烈睡意的侵袭等现象。

转到现在的单位之后，上司和同事都曾严厉地指出过她的问题，“这不是跟你说过了吗？”“之前也跟你说过同样的话吧”。事实上A也有过忘记上司一周之前交代的事情的状况，每当这时，A总是有一种负罪感。

A还有不能应对突发情况的问题。另外，也出现过在一些大型活动的准备过程中或者发布当日，不能按计划推进工作的情况，每当这个时候她都要请周围的同事来帮忙。实际上即使在日常工作中，A给周围的人添麻烦的情况也是屡屡发生。有时甚至会在接受对方指责的时候，因注意力分散而显得心不在焉，结果被对方更生气地批评道："你就没在听人讲话！"

向医生和上司咨询了之后……

A心想，如果能弄清楚自己出现这些问题的原因的话，会不会好受一些呢？于是，她下定决心去精神内科看了医生。结果被诊断为发育存在"凹凸"[①]，一种轻度ADHD。自那以后，她定期去医院看医生并服药。不过，A的心头也冒出了这样的想法：将自己的失误归因于发育障碍的话，会不会使自己走上"逃避"的道路？

A很快将自己的诊断结果向上司做了汇报。上司答应说，A在工作上不小心遗漏的部分将请其他人来帮忙完成，同时也要求A通过做记录、多沟通等方法努力克服困难。

① 发育障碍的其中一种，指患者的不同方面的认知能力（如感知、理解、记忆、推理等）之间存在强弱差异巨大的情况。——译注

此外，A还将自己的诊断结果直接告诉了与自己一起工作了很久的值得信赖的几名同事。出于职业性质，同事们似乎也对发育障碍有所了解，并明确告诉A他们会在工作中尽量考虑到这一点。因此，A觉得自己对工作似乎重新有了积极的心态。

然而，在这之后，周围的人对她的态度并没有特别改变。相反，当A忘记什么事情时，被其他人责怪说“已经跟你讲过了”“求你饶了我吧”的情况反而增多了。从A的立场来看，对于有的指示是不是真的传达给她了这一点，她甚至持怀疑态度，但如果上司或同事严厉地斥责她说“已经跟你说过了”，她也只好接受。

被暗示辞职，以及加深的罪恶感

甚至在A转为正式工之后，上司也曾对她进行过暗示性劝退，如“你是不是以为转为正式工了，单位就会永久雇用你而掉以轻心啊？”“我们单位可没有善良到可以一直容忍你这样不管的”。A听了上司的话之后，也诚恳地反省了自己是不是有了“懈怠心”。

此外，A曾经跟同事谈起过自己以后想负责什么方面的工作，没想到这个事被传到了上司耳朵里。上司找她谈话并斥责她说：“你该清楚自己给大家带来了多大的麻烦吧？”

上司觉得她没有资格提出自己想干哪方面的工作的要求，并提醒她说："你跟大家拿的是一样的工资，但却一直给大家添麻烦，这一点你心里要有数！"

A觉得是"自己不好"的想法变得越来越强烈。她为自己总是"给周围的人添麻烦"而郁郁寡欢，甚至患上了抑郁症。

"跟发育障碍者说这些也没用吧"

同事们并没有站在A这边，反而敦促她要听上司的话。对于A的发育障碍和抑郁症，这些同事有时也会随口说出一些不负责任的话，如"你找借口也不能解决问题啊""只有忍到极限才能变强，不是吗？"众所周知，ADHD并不是依靠精神毅力就能够改善的。A的同事们也应该知道这一点，但他们还是说出了如此冰冷的话语。

这些同事对待A几乎都是采取责怪的态度，甚至拿她当笑话。由于上司或同事在找A谈话时，她看上去并没有表现出是在诚恳地听取别人意见的样子，他们会揶揄她说："这是赤裸裸的挑衅啊！""在这方面，倒是个天才呢。"

A甚至看到同事将她作为例子教育后辈说，"如果犯这种错误，那你的水平也就和某某（A的名字）差不多了"的场景。另外，当A被同事指出失误而无言以对时，同事竟扔下一句“跟发育障碍者说这些也没用吧”。

更让A受伤的是，A受到批评后已经改正了的一些过去的问题，也会被同事拿来当着后辈们的面作为笑话重新提起并嘲笑。

如果只需要处理眼前的主要工作，A还是能够集中精力的，平常都待在别的营业所的另一位上司也曾当着同事的面夸奖过她的工作态度。即便在同一个职场中，也还是有极少数的同事会关心并体谅A的状况的。然而，她的直属上司和其他绝大部分同事对A的态度，很难说有把她当作一个正常人来看待。

在之前的职场没有被如此指责过

A被总给别人添麻烦的罪恶感几乎摧垮的同时，心头也隐隐产生了这样的想法：自己对上司和同事的苛责有必要忍到这个地步吗？因为来这个单位之前，虽然自己一直在以非正式工的身份辗转于同一行业的各个职场，但那时的上司和同事们从没有如此把自己的情况当作一个“问题”。周围的同事总是宽厚地给予她帮助，也从没有责备过她。而在现在的职场，自作为非正式工入职的第一年开始，她的特殊情况就已被多次拿来作为攻击和责怪的对象。这到底是为什么呢？

A能够想到的原因大概就是现在的职场工作量大，而职员却过少。虽然A的职业本身的确不可避免地要涉及多个方面的工作内容，但就连她自己也多次怀疑过现在的职场“是否有必要做到那种程度?”同行业的其他职场通常需要2—3人承担的工作，在现在的职场却让一个人去承担。此外，上司还经常对她说：“A，请你也熟悉一下这个工作。”于是A被频繁地要求去做与自己的专业技能无关、本属于事务员该做的客户接待工作。

A现在所在的这个职场的劳动时间也比较长。每天早上9点开始工作，下班时间虽然规定是下午6点，但实际上，即便是最早也得到晚上8点，迟的时候要加班到晚上10点左右。虽然A确实存在工作速度不够快的问题，但留在公司加班的也有很多其他同事。即便是中层干部，也免不了需要频繁地夜宿职场。然而，对于这些加班，他们却从来没有拿到过加班费。

该职场还存在来自上司的职场霸凌问题。A的一名没有发育障碍问题的前辈，在向上司提交预算和活动提案时，一直被多次恶意打回重做。本来这名前辈就因长时间劳动而处于疲惫衰弱状态，来自上司的职场霸凌成了压倒骆驼的最后一根稻草。结果是这名前辈患上了精神疾病，甚至被迫停了职。

有一次，A在跟大家聊天时刚好聊到这名前辈，就说了一句："好担心他啊！"令人吃惊的是，同事们竟开始冷漠地说起这名前辈的坏话："那个人总是自以为是，没想到精神上却这么脆弱。"该前辈在停职期满之后就直接离了职，但霸凌问题并没有得到解决，甚至职场内部已经形成了纵容这种霸凌的风气。

被正当化的压力发泄

像这样，在这个本来就很严苛的职场环境中，"发育障碍"不仅没有成为需要照顾的对象，反而成了发泄压力的一个很好的借口。以给职场"添麻烦"为由，大家"公认"地把A当作一个可以随意施加人权侵害的极好的存在。而且，上司和同事灌输给A的罪恶感，起到了从精神上将A逼入绝境，最终将其从职场清除出去的作用。

然而，如果现在的职场能够像A以前工作的职场那样工作人员充足、工作量适当的话，那么A的发育障碍本来不应该会成为问题的。可以说，扭曲的劳动环境使得同事们不是去思考如何帮助A，而是选择放弃思考，仅把A当作可以随意发泄压力的出气筒。

其后，也许是被判断为不能胜任工作的原因，A的工作开始由一个非正式工来帮忙做，而A只负责一些无关紧要的事情。但是，大概是因为同事们觉得A受到了"优待"，

A反而成了大家怨恨的对象，疏远A的职场氛围丝毫没有改善的迹象。

虽然A的自尊心在发出悲鸣，但A觉得自己好不容易才成为正式员工，不能就这么轻易辞职。如今，A正为自己将会在下一年度新入职的后辈们面前再一次被当作嘲弄对象而惴惴不安。

案例2　坦诚说出自己是ADHD患者后，原本亲切的前辈突然改变了态度

作为正式工刚入职的B，原本就有失眠等症状，会定期去看精神内科医生。为了这次入职而接受发育障碍检查后，B被诊断为有ADHD倾向，于是她开始边服药边上班，但并没有特地向职场报告自己患有ADHD的事情。

负责新人指导的前辈对工作失误较多的B非常亲切，曾说过："有什么困难随时找我。"入职后不久，B由于服用ADHD药物产生的副作用导致身体出了状况，于是请了假。前辈担心B的身体，就跟她约了时间面谈。于是，B如实地告诉了前辈自己患有ADHD，因吃的药发生副作用反应，所以才请了假，并坦诚地说道，现在的工作让她感受到了乐趣，但同时也对自己能否胜任新工作而感到不安。由于当时前辈亲切地宽慰了她，所以B感到很安心。

然而，没想到前辈竟将这次谈话的内容在没有征得B的同意的情况下直接汇报给了部长。

不久后，单位就安排了部长、团队负责人、负责指导的前辈和B的四人面谈。面谈的内容并不是对B的ADHD的照顾，而是严厉的斥责。部长对B说，“你工作速度太慢，给大家带来了麻烦”“以前新入职的职员们可是很快就熟悉了工作的”“你以为你几岁啦？是来玩的吗？”“如果还是不能做好工作的话，就没你待的地方了”。

自那以后，B所处的环境发生了急剧的变化。当B向团队负责人请教业务上的问题时，对方虽然表面上正常回答了，但当B回到自己的座位之后，这名负责人就对邻座的同事说，“这种问题也来问，真是……”“这还要问啊”，声音之大，连B也能听到。这明摆着是在对B故意讥讽。

而且，连曾经很亲切的、负责指导B的前辈，态度也突然发生了变化。当B请她确认文件时，也是直接拒绝道：“我现在忙着呢。”而对其他职员的提问，前辈却跟以往一样给予耐心的回答。不仅如此，这名前辈甚至以秒为单位来计算B完成某项工作所花的时间，并追问她迟交的原因，当B回答不上来时，就对她说“回答不上来的话就算了”，然后终止了与B的谈话。

之后，B因为患上了适应障碍症而停了职，并于停职期满后自动离了职。

这名前辈原本态度很亲切，难道是因为收到上司的霸凌指示才改变了对B的态度吗？虽然这种可能性也存在，但也有可能是这名前辈只是在以B能够跟其他职员一样做好工作的前提条件下，将她视作普通的同事才那样亲切地对待她的。也可以认为，这名前辈起初只是因为期待B在不久的将来能够胜任更多的工作才对她客客气气的，当得知B患有发育障碍后，就放弃了将B当作自己的同事、当作应该获得人格尊重的人来看待。

案例3　“战力外”“没有潜力，不能投资”

C在一家大公司的社会招聘（与面向应届毕业生的招聘相对）中，作为一名专业技术人员被录用。上司要求C在工作中要会察言观色。然而对C来说，这是他不擅长的工作方式。由于总也做不到这一点，他在工作中不断受到上司的提醒和斥责，最终患上了适应障碍症并停了职。C去医院做了检查，诊断结果为发育障碍。于是，C将这一结果向公司做了汇报，希望公司能考虑一下自己的情况。

不料在他复职后，等待他的竟是上司接二连三的冷酷无情的话语。“你已经是‘战力外’人员了。”“我们不能为没有潜力的人投资。”“发育障碍者在职场就是个负担。”“有意义的工作不会安排给你了。”

因上司的这些话而受伤的C，找了人事部部长和董事面谈此事，但他们拒绝采取任何措施，表示既不会对所说内容进行确认，也不会考虑将C调到其他部门或者将上司调走。

在那之后的几年里，公司在有违C本人意愿的情况下，一直让他做一些简单的工作。与同事们除了早晨的寒暄之外，也不再有其他任何交流。虽然在这样的职场工作非常痛苦，但为了养家糊口，以及担心找不到新的工作，C最终未能狠下心离职。

案例4　20多岁的商社职员被责骂“你是婴儿吗?”

D是一名20多岁的正式员工，在一家商社负责营销工作，且正在接受ADHD及另一种发育障碍ASD（自闭症谱系障碍）的检查。由于人手不足，D在入职当天就被安排为某个特定客户的负责人，这让他感到有很大的压力。果不其然，D在工作中反复出现失误，且每次出错都会受到上司的斥责和奚落。例如对他说，“你也是20多岁的人了”“你是婴儿吗?”等，拿D的年龄来奚落他。还会对他说“我来踩你两下吧”之类的“玩笑话”。

此外，D还日常性地受到“轻微”的暴力攻击，例如，被敲打手臂，被上司边笑着边推搡脸部，有时还会被抽打耳光。

就在D难以忍受而不去上班时，上司却打来电话向他道歉。但是，要从被否定人格的打击中站起来并不是件容易的事。D因为自己没能完成工作任务，而深受“半途而废”的罪恶感的折磨。上司的言行是否属于职场霸凌？是不是自己过于矫情？D因脑子里一片混乱而一直无法去上班。

案例5　一旦出错，就会被同事玩“惩罚游戏”

E作为正式员工在同一家服务行业的公司持续工作了10年以上。E之前在正常工作中原本失误就较多，而在职场人手不足的情况下，这类失误就更多了。看到这种情况的上司指出E有可能是ADHD患者，并要求其去医院检查。E去医院精神内科接受检查后，果真被诊断为ADHD。

之后，公司及同事针对E的霸凌越发严重。每当E在工作中出现差错时，公司及职场的同事就会强行向他索要赔偿。

甚至有一天，E由于过度劳累而没能去上班，一整天都躺在家里，连医院也没能去。同事们便以他给大家带来了麻烦为由，向E索要1万日元，E则被迫向他们实际支付了1万日元。同事们也许是出于玩“惩罚游戏”的想法，但对E来说这是一种“恐吓”。另外，也出现过由于E没能按期完成工作而被公司要求返还工资中的津贴部分，结果E向公司支付了10万日元的情况。

还发生过公司备品遗失时，同事们将责任推给E，并让他赔偿的事情。除此之外，公司还频繁地要求E自掏腰包购买备品。

E觉得公司和同事们的这一系列“惩罚游戏”的目的无非就是想让他辞职。有一次，上司甚至强行将未填写日期的辞职申请表塞给了E。可以看出，上司为了随时可以让E辞职而早就准备好了这一辞职申请表。就在这种不上不下的状态中，E惴惴不安地继续工作着。

案例6 遭殴打、踢踹，被强迫在白板上写下“我不会撒谎”

F作为一名正式员工长年在一家负责清扫和建筑管理的中小企业工作。某一天，因人员配置调整，F的工作内容发生了变化，需要临机应变的工作增多了。本来F在之前的工作中就存在失误较多的情况，现在则更严重了。与此同时，F还开始受到来自同事及上级的霸凌。遭到殴打、踢踹，被骂蠢货、被大声否定人格已成家常便饭。

后来，霸凌甚至发展到了，因工作失误太多而受到同事们的责怪，并被迫在全体职工都会查看的通信板上写下

“我不会撒谎”之类内容的“保证书”。

是不是自己确实有问题呢？F心里很烦恼，于是去医院精神内科接受了检查。结果，他被确诊了ADHD。F将诊断书提交给公司，心想公司了解情况后应该会多考虑一下自己，感觉松了一口气。

可是，没想到霸凌不但没有收敛，反而变本加厉了。例如，安排F上他上不了的深夜班，最后还被上级和同事告知：“你不要再来公司了，滚回家吧。”F不明白这是不是要解雇他，也不敢再去上班，只能被迫处于停职状态。最后，F就这样直接离职了。

案例7　即便坚持服药，若加班超过100小时，病情也会恶化

G是一家运输公司的正式员工，平常主要负责仓库工作。其每月加班时间通常是60小时，繁忙期则会超过100小时，这显然已经超过了厚生劳动省规定的过劳死认定基准。且G还被诊断为ADHD患者，工作中曾多次因粗心大意而失误，这导致了同事们针对G的霸凌。遇到工作繁忙的时期，G的失误会明显增多，与此同时，同事们的霸凌也变得更加激烈。

强行将工作推给他、孤立他，这还仅仅是霸凌的初级

阶段，后来甚至发展到对他进行殴打、踢踹、大声辱骂等，而且这些行为已成为常态。当G因被同事揪住衣襟而起争执的时候，上司却选择了息事宁人。

虽然G已经将ADHD的诊断结果告知了部分上司，然而，不知情的工作人员自不用说，就连知道情况的上司也若无其事地加入了霸凌行列。后来，G好不容易下定决心去找了作为现场最高领导的所长诉说此事，但所长并没有理会他。

实际上，G在这份工作之前也多次被卷入职场纷争，还因此被解雇过好几次。工作持续时间最长的就是现在这份工作。几年前，由于不清楚自己为什么在职场总是不顺利，他一直承受着巨大的精神压力，并最终选择了去医院的精神内科接受检查，没想到结果竟然是ADHD。

医生建议他说，由于发育障碍无法根治，只能自己有意识地去创造属于自己的栖身之所。G每2—3个月去医院检查一次，并坚持服药。然而，如果是超过过劳死认定基准的长时间劳动，就连保持现在的状态都难以如愿。但是，由于担心找不到新的工作，他只能想方设法留在现在的职场。

案例8　申请加班费，却被说“你是ADHD患者”

最后举一个ADHD概念被用来给那些与ADHD无关的，

只是不顺从公司管理的劳动者贴标签的例子。

H是一名临时工，在一家便利店工作。H对便利店从不支付其加班费的情况抱有疑问，便去询问店长，没想到得到的却是对方的责骂。

“那是因为你是ADHD患者，或者别的什么发育障碍者。请你认清现实，工作不如新人干得好，没有其他人的协助啥也干不好。还跑来要什么加班费，真是可笑。”

之后，H便接到了其他同事转达的“解雇通知”：店长说“不雇用你了”。尽管如此，H还是想要去店里看看情况，没想到本来已经排给他的班被用修正液抹掉了，换成了其他人的名字。

从那以后，H只要犯点小错，店长的斥责声就会立即传来。这让H惴惴不安，开始怀疑自己是不是真的有发育障碍，变得情绪低落，感到很痛苦。

3

对发育障碍者职场霸凌的“效果”

成年人的ADHD因社会变化而被“问题”化

以上，我们看了一些与ADHD相关的职场霸凌的案例。这些案例的背后都存在一个无法指望上司或同事给予耐心帮助的、人员比较紧张的职场环境。这种职场环境的恶化可以说是ADHD相关劳动咨询增长的原因所在。

虽然不同的研究，数据会有些差异，据说约3 %—4%的成年人都存在ADHD。这样算来，日本有约300万—400万人存在ADHD。

那么，近些年来ADHD上升为一个话题是因为患有ADHD的人实际增加了吗？一般认为，ADHD之类的发育障碍源于先天性因素的可能很大。只是原本就占有一定比例的ADHD患者近年来得到了广泛关注，问题被放大了而已。

前面介绍的岩波明老师的著作里讲道，在日本，职场中的发育障碍问题是在1990年代的后半期开始得到关注的。到2000年代时，在报纸杂志上已经出现了很多与职场中的发育障碍相关的报道。对此，岩波明老师分析道："由于长期持续的经济不景气及全球化发展的影响，企业经营变得更加艰难，对从业人员的要求也变得过于严苛……由于企业在经营上变得不再从容，从业人员的哪怕是一点点的'差异'也会被格外地放大，甚至当作一种问题来看待。"

也就是说，由于人员削减，每个劳动者所承担的工作任务和责任都在加重，这导致以前没有被视作问题的一些劳动者的"特性"变得显眼了起来。

本章中的A的案例也是一个极具代表性的案例。在该案例中，A在过去的比较宽松的职场环境中并没有被视作问题的特征，却在现在的职场中成了一种"问题"，而A也才因此意识到了ADHD的存在。

在日本，ADHD患者会比较显眼

据说在某个临床研究中，日本的ADHD患者表现出多动性、冲动性、粗心大意等特征的情况比较多见，而在美国的ADHD患者中，只有粗心大意的症状而无多动性、冲动性特征的情况较多。研究者认为，这大概是因为在日本被视作有“多动性”“冲动性”特征的行为在美国则是“理所当然”的行为，所以并没有被当作问题来看待（参见中岛美铃:《或许我是成年ADHD患者?》，光文社新书，2018）。而在忌讳员工主张自己的意见、更希望员工能顺从指示的日本社会中，ADHD的特征很容易被视作问题而凸显出来。

即便在日本，如果职场人员充足、工作适量的话，那么患有ADHD的劳动者应该最多也就是被其他同事看作“有点与众不同的同事”，而并不会被当作问题来看待。然而，能够拥有“以长远目光来看待吧”“其他同事会跟进的，大家一起来完成工作”“你只需努力完成你自己擅长的工作就可以了”这种宽松氛围的职场在日本已经几乎不存在了，对ADHD患者来说，让他们难以生存的职场正越来越多。

对发育障碍者实施霸凌的“效果”

在本章的诸多案例中，发育障碍者都被看作短期内很难为企业“贡献”利益，而且会增加经营成本的一种存在，他们被视为企业的“累赘”。

在第三章中，笔者指出了保育和护理类职场中霸凌的“矫正”“清除”“反面教师化”三个“效果”。对发育障碍者实施的霸凌中，有很多都是以“清除”为目的的。因为如果直接解雇发育障碍者，对经营者来说法律风险较大，所以就通过霸凌让他们自动离职来达到清除的目的。

另一方面，对发育障碍者实施的霸凌中很少见到以“矫正”为目的的。这是由于发育障碍从本质上来讲是无法“治疗”的，要想减少“问题”的发生，需要改善周围的环境（当然，也存在因对发育障碍理解不足，以为通过患者本人的努力或者通过治疗能够治好而实施的霸凌）。因此，一旦被诊断为发育障碍，霸凌的目的很容易跨越“矫正”而直接指向“清除”。

对有发育障碍的劳动者实施霸凌可以起到很大的杀鸡儆猴的“反面教师化”效果。同事们通过对霸凌的默认或积极参与，认识到“我与那个人不一样，必须要认真完成好工作”，即便被要求了过于苛刻的工作，也会默默地一往无前。本章的案例1中，同事在教育后辈时说“如果犯这种错误，那你的水平也就和某某（A的名字）差不多了”，这种通过揶揄当事人来教育后辈的案例可以说是对“反面教师化”效果的最好诠释。

此外，虽然本章中并没有介绍，但实际上歧视性地使用“发育障碍”这一词语来促使当事人“矫正”的这类霸凌也是存在的。例如，虽然不确定会不会被诊断为“发育障碍”，但如果工作达不到上司要求的水准，则会遭到上司“你有发育障碍吧?”“去医院看一下”的侮辱（当然，这样的发言也有可能是出于想给当事人提供适当帮助的意图，但很遗憾的是，这类发言的绝大部分都应理解为是一种谩骂）。被上司这样责骂的很多劳动者，会焦虑地想着“自己并不是发育障碍者，应该能做得更好”，因而自己鞭策自己，努力达到上司要求的水准。

因“给自己添麻烦”而对发育障碍者持有敌意

工作上的同事会积极参与霸凌，并自发地将发育障碍者当作“累赘”，这大概是出于“发育障碍者给自己添了麻烦”的意识。

特别是ADHD患者，与其他障碍者相比，这类劳动者最初就是以障碍者为前提而被录用的情况很少。在大多数情况中，他们是在被委派了与其他同事同等工作量和同等进度的工作的过程中，因出现“问题”才察觉到自己患有发育障碍，或者被他人指出自己患有发育障碍的。

因此，从同事们的角度来讲，当事人本来是被当作可以承担和他们同等程度工作的“战力”而被录用的，但当事人却既不能分担工作，也无法被“矫正”，甚至由于需要他们的辅助反而增加了他们的工作任务，这最终导致了同事们将发育障碍者看作“不能为公司做贡献”的，并且直接“给自己添了麻烦”的存在。

使职场环境变得不宽松的本来应该是公司或经营者，但他们却把怒气撒在了眼前的有发育障碍的同事身上。由此，我们也可以看出，霸凌在无意中作为一种职场管理体系发挥了作用。

作为一种新型歧视现象的针对发育障碍者的霸凌

在本章介绍的案例中，也有一些同事不但不给予发育障碍者关怀，反而将他们当作无论做什么都很“劣质”的人来看待，并对霸凌行为乐在其中。以社会属性为理由将他人不当作人来尊重的霸凌就是“歧视”。

在日本，针对歧视的社会规范比较薄弱。其中，对发育障碍者的歧视，在职场中是被“允许”更为露骨地说出口的，是一种比较激烈的歧视。这大概是针对发育障碍者的歧视（在“成本”理论、经营理论等的指导下）被“正当化”所导致的结果吧。

历史上，尤其在近代化过程中，残障者因身体或精神上的问题无法顺从地完成经营者所要求的工作，而一直被当作歧视对象。其中与发育障碍相关的问题，如前文所述，一般认为是在近年来要求员工对工作有更高适应度的风潮中浮现出来的，因而也被视作一种新型“障碍”。根据这一分析，可以说发育障碍这一概念从根本上来讲与职场“成本”理论是不可分割的。

正如我们从本章所列举的案例中看到的那样，横行于职场的对发育障碍者的霸凌，一方面以歧视的形式将发育障碍者们“清除”出去，另一方面，对非发育障碍者的同事们来说，则起着促使他们更加服从管理的“效果”。这种效果使员工们强化了自己是勤劳的、可以为企业利益做“贡献”的“优秀”劳动者的身份认同，让他们能够更好地去“适应”严苛的劳动。

第五章

针对劳动工会加入者的霸凌

1

针对“对抗性”劳动者的战略性职场霸凌

最受公司敌视的对象

在上文中，我们看到了针对不适应或无法适应越来越严苛的职场环境的人实施霸凌的实际状况及其背景。

而另一方面，与公司进行明确的“对抗”、试图争取自己权利的劳动者同样也是公司激烈攻击的对象。在日本企业中，如果劳动者敢反抗公司的命令，将立即被贴上“麻烦制造者”的标签。其中，会邀请同伴加入“与公司对抗的工会”的职员是公司尤为戒备的对象。①

---

① 近年来，与企业内部劳动工会不同的一种新型劳动工会变得活跃了起来。即，同一个区域内的企业劳动者都可以成为会员的、横贯不同企业的地区联合工会。尤其是2000年以来，允许个人加盟的地区联合工会在不断抬头。笔者担任理事的综合支援联合工会就是其中之一。选择加入这类联合工会的劳动者所在的企业，以服务业为中心的新兴产业较为多见，其中很多企业甚至连企业内部工会都不存在。

让我们暂且撇开虽然几乎全部职员都有参加，但基本上所有事都会选择向公司妥协的企业内部工会不谈。那些在职场内部重新组建愿意与公司进行对抗的工会，或者职场员工自己选择加入公司外部的工会并劝诱同事一同加入的行为，在绝大部分情况下都会受到公司千方百计的阻挠。而且，采取霸凌形式的情况非常多。

在本章中，让我们一起看一看公司针对其最为敌视的对象，是如何有组织、有计划地充分利用其他员工来实施职场霸凌的，即针对劳动工会加入者的霸凌模式。

霸凌的“伪装”

若劳动者加入工会，则其与经营者进行交涉的权利将得到法律保障，而对经营者来说则产生了接受交涉的义务。另外，工会针对经营者进行抗议或罢工的权利也将得到保障。相反，若经营者妨碍工会活动则会被视作“不当劳动行为”而受到处罚。因此，经营者为了避免被判定为违法而需要费尽心机地、巧妙地实施妨碍活动。

不当劳动行为可以被分为好几类，下面将就职场霸凌的角度对其中的“不利对待”和“支配介入”这两个方面进行说明。

如果是由公司的董事或管理人员对工会活动实施妨碍

行为，则很容易被立即判定为不当劳动行为。然而，如果是一般劳动者为主体的妨碍行为，在不能证明是受到上级命令的情况下则很难被认定为违法行为。于是，公司往往会采取战略性的不当劳动行为，即“伪装”成不是公司的指示而是劳动者的“自发”行为。

在不当劳动行为中，对员工实施的解雇、岗位调换、薪金/晋升等方面的差别对待、恶意刁难（无视、不分配工作任务）、工会加入者和非加入者的差别对待等对劳动者不利的行为，一般被称为“不利对待”。

劳动者成为加害方的典型案例大概要数同事的“无视”行为了。例如，对于加入了工会的劳动者，那些之前本来一直跟他关系很好的同事现在却谁也不跟他打招呼或跟他说话，这样的案例较为常见。

尽管绝大多数情况都是经营者要求同事们这么做的，但最终都会搞得好像是同事们“自发地”这么做的一样。除了“无视”行为以外，也存在讥讽和辱骂工会加入者的更严重的情况。但不管是何种方法，都是直接给予劳动者精神打击的行为。

另一方面，在不当劳动行为中，经营者动员劳动者“不要加入工会”，质问劳动者“你也加入工会了吗”，在晨会中对工会进行批判的行为则被称为“支配介入”。

于是，就出现了伪装成不是上级指示的“支配介入”行为。例如，在营业所散布写有“工会是公司的毒瘤”的写手不明的奇怪匿名信，或者在职场中散布“工会与黑社会有勾连”的谣言。甚至还出现过暗中命令同事逼迫工会加入者脱离工会的情况。

甚至出现同事作为帮凶捏造理由以惩戒工会加入者的情况

此外，还存在作为非管理层的劳动者参与的不当劳动行为，主要是指同事作为帮凶捏造理由使工会加入者受到惩戒、转岗、差别对待的行为。这背后其实是公司在指使非工会加入者的员工成为“监视者”和“举报者”，让他们主动去找工会加入者的茬。

公司通过让非工会加入者夸大本来没有问题的工会加入者的行为，让他们举报工会加入者有不法行为或骚扰行为等，从而能够“合理”地处罚工会加入者。这种霸凌模式尤其会出现在跟教育相关的职场。因为在教育类职场中，教员严厉教导学生的情况是很常见的，而上级就会让其他同事截取该行为的某个片段来举报对方虐待学生。

在第二章中介绍的物流企业的B因同事的“投诉”而遭到调动的案例中，可以说其霸凌手法是与此相同的，尽管当时B还没有加入联合工会。像这样以同事的“举报”为理由实施惩戒处分或进行岗位调动，以工作态度有问题为由降低对方在涨薪、升职、奖励等方面的待遇的案例并不少见。

下面将介绍一个最近发生的这类战略性霸凌案例，在该案例中，劳动者加入了工会并试图为改善职场环境而斗争。

2

针对劳动工会加入者的霸凌案例

自动售货机补货司机的长时间劳动

A是一名30多岁的男性，在三得利集团旗下的“Japan Beverage东京公司”工作，这是一家大型自动售货机运营管理企业，负责饮料的搬运和补货业务。A为了改变公司长时间劳动和无偿加班的状况，加入了允许个人加盟的劳动工会，“综合支援联合工会”，并与公司进行了集体谈判。在谈判取得胜利，现状得到大幅改善的同时，A也成了公司报复的目标。公司将职场的同事卷了进来一起对A实施霸凌，这也让A开始思考“职场‘伙伴’到底是什么”这一问题。

作为搬运自动售货机饮料的司机，当时是A工作的第5年，工作虽然已经得心应手，但劳动时间却一向没有变短，他一天的典型工作日程如下。

早上7点35分左右到达营业所，8点开着货车离开营业所。到达目的地后将车停在自己所负责的自动售货机的附近，将塞满商品的纸箱（由于饮料基本都是水分，所以非常重）搬到售货机边上，如果是设施的话还要将商品搬到每个楼层，然后便开始补货，清点售货机内的现金，保管好即将到保质期的商品，回收设置在自动售货机旁的垃圾箱里的垃圾，根据饮料厂家的指示换上新商品或对商品进行重新陈列等。

手机接到商品售罄的反馈后需要立即赶去处理的情况也时有发生。秋天需要将温度调到制热状态，而到初夏时又必须调到制冷状态，里面的东西也必须全部换掉。将售货机内的商品全部取出并清点其数量的“库存盘点”工作也必须定期进行。

像这样每天约跑20处并完成各处自动售货机的各项任务已成为日常惯例。而且，给其他同事分配的售货机台数在100—120台左右，而分给A的是约180台，这在整个职场也绝对是最多的。

午饭通常就是边开车边将在便利店买来的饭团塞进嘴巴的过程。由于时间不允许，根本无法买便当吃，若能吃上方便面那已经算是不错的了。在餐厅吃午饭，那是工作5年来一次都没有过的事。

回到营业所时已是晚上8点左右。仅仅是跑外勤，劳动时间就已经达到12小时。回到营业所之后，还要将装在货车上的回收垃圾扔掉，将第二天需要的商品装到货车上，以及提交当天的工作报告。离开职场时有时已是晚上9点多或10点多。

下班较晚时，到家往往是晚上11点左右，在家也就仅仅是吃个晚饭、洗个澡、睡个觉而已。第二天早上5点起床，6点多出门。A的身体已经到了其所能承受的极限。

无处不在的职场霸凌和“带薪休假机会竞答”

由于这种已经常态化的长时间劳动，营业所的职场氛围也十分糟糕，来自上司和前辈的责骂声滔滔不绝。即便在A跑完预定行程、晚上很晚才回到营业所时也是毫不留情。例如，当A想把客户关于商品“售罄”的反馈等到第二天再处理时，上司会对他说：“为什么明明有处理缺货的任务，你却跑回来了？”当看到A一天内跑的自动售货机数量比较少时，就命令他：“再去跑几个回来！”因此，即便已是晚上8点左右，A也不得不再次开着货车离开营业所去完成上司交代的任务。

一旦A工作出现失误，前辈就会对他怒吼：“你这家伙，给我认真点！”并且会经常在营业所内到处散布说：“这家伙，工作犯了这种错呢！”

由于职场内存在“长时间劳动的人是了不起的”这一风潮，所以哪怕是稍微休息一下就会有人嫉妒说“我可是一点也没休息一直在工作呢，他凭什么休息”，若加班时间短则会有人说“那家伙在偷懒，给他安排点工作”。

这类荒唐现象最为严重的是与A所在的营业所处于不同区域的，JR东京站内的另一个营业所。负责JR东京站内自动售货机的这个营业所，不仅工作任务繁重、没有休息时间，还频繁发生分店长的暴力和骚扰事件。该分店长让犯错的职员写谢罪信并以“公开处刑邮件”的文件名发给所内所有职员，让犯错者在众人面前颜面尽失。作为惩罚，分店长还准备了一份“惩罚菜单”，例如让犯错的人做“100个俯卧撑”、自掏腰包给分店全体职员买能量饮料、负责扔一个月的垃圾等。踢踹当事人屁股之类的暴力行为也不少见。

最为离谱的是“带薪休假机会竞答”。这种捉弄人的规定要求想获得带薪休假的人，必须要正确回答分店长在邮件中给出的问答题。如果回答不正确，则会“永久放逐，先降个职吧”。分店长还公开扬言说“你如果不喜欢可以辞职”“我可以把你调走”等，但总公司对分店长的这一系列行为却置若罔闻（后来在追究总公司责任时，对方竟回答说对分店长的问题行为毫不知情）。

经过集体谈判，公司支付了相关员工的加班费

言归正传，让我们回到A的案例。那是A连续工作到第5年的2017年的事。难以忍受下去的A决定到联合工会来咨询。笔者到现在还鲜明地记得第一次面谈时的A被逼入绝境的神情。他一边给我看胳膊上用于盖住针眼的胶带，一边说："我今天早上晕倒了，是挂了水之后才来的。"

A当时只想着向公司申请拿到加班费后就辞职。但当我跟他说"虽然可能还会出现职权骚扰，你也可以选择边继续工作边与公司斗争，让职场环境得到改善"后，A的眼里开始闪烁起光芒，并问道："可以边工作边与公司斗争吗？"就这样，A开始了与公司的斗争。

当时需要改善的焦点是助长了该公司长时间劳动现象的"外勤假定工作时间制"。即劳动者在所属单位以外的地方工作而公司无法对其进行指挥监督、难以把握该劳动者的工作时间时，将劳资双方约定的小时数视作该劳动者每天工作时间的制度。在这一制度下，公司可以不支付劳动者超过约定的工作时间的那一部分的加班费。不管让劳动者加班多少小时，薪金都不会变化，因此出现"工资固定而加班却没有限制"的可能性比较高。

退一步讲，这一制度原本是在手机尚未普及的时代，针对公司所设想的特殊营业情况而确立的，其前提条件是公司

无法确认跑外勤的劳动者是否在工作，且无法对其进行指示。

但事实上A通过手机接到了公司要求其对客户的反馈进行处理的联络电话，根本不能说公司无法对其进行指挥监督。换言之，公司没有支付A的加班费是不合法的。

A不声不响地一点一点地收集了各种证据，并于几个月后向公司提出了集体谈判的要求，同时也向劳动基准监督署申告了公司违反劳动基准法的行为。结果，公司的“外勤假定工作时间制”被判定为违法，劳动基准监督署也对公司提出了整改要求。公司最终向含非工会加入者在内的从事自动售货机饮料搬运工作的全体职员支付了加班费，并发表了废除“外勤假定工作时间制”的声明。

同事们的感谢纷至沓来

经过这次集体谈判，很多人收到了相当于过去两年未支付数额的加班费，长时间劳动也得到了认定，有人甚至拿到了100万日元左右的补发加班费。有同事跑来向A报告说:“多亏了你，我才有钱买了一台新电脑!”

尽管公司没有认可A提出的未获得休息时间的主张，公司内也还存在没有将职员更换制服的时间计算在工作时间内的情况，但向全体从事自动售货机饮料搬运工作的职员补发加班费，这已经是足以令人震惊的事情了。

不仅仅是过去未支付的加班费能得到补发，今后加班部分的工资也会准时发放。“工资固定而加班却没有限制”的现象将不复存在。由于加班费是一项沉重的负担，公司也开始采取措施减少加班。

由此，A在营业所内成了大家感谢的焦点。然而，这只是不当劳动行为开始之前的短暂的“和平”。

随之而来的公司的报复

那是加班费补发后不久发生的事情。一天，A突然被公司叫去，对他下达了无限期在家待命的指示，暗示要对他进行惩戒处分。

理由是A将过了保质期的卖不出去的商品放在了自家车里。这是相当于违反工作规章制度及刑法关于“未经允许将公司物品私自带出”“贪污”“盗窃”的规定的行为。据说是有同事看到A的这种不当行为后向公司“举报”的。

实际上，对该公司的职员来说，将过期的商品带回家是很正常的事。因为如果跟上司汇报有剩余的过期商品的话，上司会对他们说：“自己掏钱买下来。”

因此，过了保质期的多余商品可以自己拿着，这从某种意义上来讲是作为一种“劳动者文化”得到默许的。司机之间也会互相交换自己负责的自动售货机的过期商品。将过期商品递给对方说“把这个拿走吧”，是很常见的。

公司不可能不了解这些情况，只不过是A被公司盯上了而已。公司把A的行为认定为“惩戒事由”，并进行了书面通告，告知A可能会对他实施“惩戒解雇”或“劝告解雇”处分。

如果A的同事们能站出来说出实情，为A打抱不平的话，事情应该很快就能水落石出。但公司却指出：“除了A之外没有一个人将商品带回去。”而且与A同一职场的同事们也回答说，“我没做过”“这样做的只有A一个人”。

于是，工会和A一起到营业所，就是否将过期商品带回家的情况向其他下班的同事进行求证。然而，绝大多数同事只是紧闭双唇，对A的询问丝毫不加理会。

A虽然预想过公司可能会对他实施职场霸凌，但万万没想到连同事们也以这种方式倒向了霸凌加害方。

“我到底是为了谁而努力的？”

A在家待命了1个月。其间，虽然不知道公司在职场下达过什么指示，但可以肯定公司应该是向同事们传达了什么。

在这之前，A工作时是3人一组去完成他们共同负责的那部分自动售货机的工作，但现在他被从那个组里分离了出来，并被要求单独工作。很明显，公司是想切断A在职场的人际关系。

用于工作联系的通信群，也是不断地有成员从中退出，最后只剩下了他一个人。好像是背着A，他们又建了一个新群，但没有邀请A加入。

也没有人主动跟复职回归职场的A说话。以前A可是跟谁都能说上话的，现在他们连靠近都不愿意。在吸烟室吸烟时，周围的人会接二连三地离开，等A注意到的时候就只剩下了他一个人。对于自己一吐烟圈周围就一个人都不见的情景，A无奈地自嘲道："这简直是蚊香呀！"

最能显示同事们对A的态度的是，对A给予援助的联合工会的成员针对职员将过期商品带回家的情况去营业所向相关同事进行求证的时候。营业所的一个同事竟扯着嗓子大声地对A说："你真不是人！"

这是不是公司指示同事这么说的，我们不得而知。但可以肯定的是，要将A排斥出去的职场氛围使其同事说出了这样的话。而且，这个同事是以前跟A关系特别好的同事之一。

同事们急剧转变的态度使得A不得不重新思考"互相帮助"这个词。在该公司，以前只要自己工作完成得早且想早点回家时，上司就会说"去帮一下其他人"，要求A协助其他同事完成工作。A自己也曾经得到过同事的帮助。

虽然那只是为了让大家早点完成数量庞大的工作任务，

不让大家关注到长时间劳动和无偿加班问题而将工作灵活周转的“权宜”之举。但是，至少言语里还有“伙伴”“纽带”“互相帮助”这类词语。

然而现在，同事们甚至将“敌意”的矛头对准了在真正意义上为“伙伴”而斗争的A。连曾向A报告说买了新电脑的同事也不再与A搭话了。A在心底嘟囔着：“我到底是为了谁而努力的？”

超越了职场与业界的反击性罢工

在营业所的同事们保持沉默的时候，公司对A实施惩戒的准备工作也在一步一步地推进。

然而，就在这时，JR东京站营业所的那些被“带薪休假机会竞答”折磨得痛苦不堪的职员站出来为A发声了。实际上，A和联合工会在为申请加班费而与公司进行集体谈判的同时，也在公司的其他营业所散发了征集工会会员的宣传单，联合工会在那些苦于分店长霸凌的JR东京站营业所的职员中间得到了发展。

为了抗议对A的惩戒，在2018年4月至5月的黄金周，工会组织了“顺法斗争”（工会的斗争战术之一。即，不加班、在遵守法规的条件下开展业务的劳动斗争）活动，作为响应，该公司的工会加入者们也开展了罢工运动。

结果，东京站内的自动售货机上商品售罄的红色标示相继出现，还上了网络新闻，这起前所未闻的“自动售货机罢工”事件及其背景得到了全日本的关注。

给予A支援的不仅仅是举行罢工的职员们。针对过了保质期的商品的处理一事，联合工会也对其他营业所的职员及已离职的人员进行了彻底的求证。结果，在很多营业所都收集到了“我自己也是带回家的”“前辈都是带回家的”这样的证言。

此外，这类支援活动并非仅仅停留于A所在公司的职员之间，而是得到了进一步扩大。同属联合工会成员的毫无关联的设计业、美容业等各种行业的劳动者们一起进行了持续数日的抗议活动。甚至还有大学生也参与了进来，他们也想支援那些正在斗争的劳动者。

“Japan Beverage东京公司”的劳动问题成了社会热点，作为事件发端的公司对A实施惩戒的依据的正当性也得到了人们的关注。最终结果是，公司没能对A实施“惩戒解雇”或“劝告解雇”处分，A的工作得到了保障。

“今天午饭吃的什么?”——职场文化的改变

自那以后已过去了3年，击退公司报复的A现在每天定时上下班，从不加班。 在上班时间内，A对每一台自动售货机都很用心。售货机脏了，他会认真地做一些一般不会有人去做的清洁工作。对那些容易被遗漏的过期商品，他会进行仔细的检查。结果，一天下来能处理的自动售货机区域只有5处，是原来的四分之一。他现在也能从容地休息，午饭也基本在餐厅就餐。

职场氛围也得到了急剧的改变。这与加班的减少和1小时休息制度的彻底贯彻有很大的关系。下班时，在营业所内能自然而然地听到大家“今天午饭吃的什么？”这样的交流。这在几年前是根本不可能听到的话语。觉得加班是“愚蠢的”行为而加以拒绝的氛围已在职场扎根，“加班是理所当然”的职场文化已经衰退。

“职场霸凌真的是不见了啊！”A感慨万分地说道。以前对A非常严厉的前辈，现在即便A工作有失误，也只是对他说“那下次要注意啊”，变得格外温和。当然，也不排除有这样的因素，即因为A是工会加入者，前辈为了不招惹什么麻烦才对A显得格外小心。不过，从整个职场的氛围来看，其态度现在应该是比较自然的。

JR东京站营业所也同样发生了变化。实施霸凌的分店长已被更换，1小时休息制度已成为常识，加班也被取消了。工作变轻松多了。

对A来说，虽然不及公司“报复”前的状态，但也能与职场内的几名同事有正常交流了。此外，A将以前被夺走的无偿劳动时间用在了陪伴家人和孩子以及自己的爱好和阅读上，同时也在做一些帮助其他工会成员的支援活动。

最终，职场环境得到改善的不仅仅是“Japan Beverage东京公司”，其他自动售货机运营管理企业也受到了影响。越来越多的搬运商品的司机开始越过公司加入综合支援联合工会，而长时间劳动及无偿加班的状况也在不断得到改善。

“在职场中，若有人发声，请务必成为他的支持者。”A这么说道。

在上述事件中，有两种背景导致了职场霸凌的发生。

首先，是本书中也曾多次提到的长时间劳动导致职员疲惫不堪的职场环境。在长时间劳动的状况得到改善后，职场氛围也发生了变化，这很好地说明了恶劣的职场环境是霸凌产生的重要原因。

其次，是A加入工会以后，作为公司对其的“报复”而诞生的导致霸凌横行的职场环境。霸凌最初只是公司对A下达的不合理命令，但正是公司的这种态度，导致了A的上司和同事，以无视、责骂，以及协助公司对A实施惩戒等方式“自发地”参与了霸凌。

现如今，这类针对劳动工会加入者的霸凌还在不断发生。A也是在工会成员及其他许多好心人的支援下才得以战胜公司的“报复”。

3

针对劳动工会加入者的霸凌，是近年来职场霸凌的原型

一切，从针对劳动工会加入者的霸凌开始

在第三章和第四章中，笔者将职场霸凌的“效果”分为“矫正”“清除”“反面教师化”这三类并分别做了说明，而本章中介绍的针对劳动工会加入者的霸凌可以说也存在同样的情况。

针对工会加入者的“矫正”，就是让员工脱离工会，这是公司最主要的目的。本章中，公司想对A实施惩戒解雇，其目的就是“清除”，同时也是为了不让其他职员加入工会而“杀鸡儆猴”，让A成为“反面教师”。

这一切实际上都不是新出现的现象。早在日本式雇用制度仍然普及的时代，公司有组织地对那些以工会加入者

为代表的主张自身合法权利的劳动者实施霸凌的现象就已经存在了。

劳动工会本来就是为了帮助劳动者改善劳动条件而存在的团体，对职场劳动者来说，支持和加入工会有很大的益处。为了与公司更有效地进行谈判，工会也很希望在职场中发展更多的同伴。

而对公司方来讲，这类劳动者就是短期内会威胁企业利益的一种“风险”。因此，公司为了不让劳动者团结起来，而企图对员工实施“矫正”“清除”“反面教师化”等霸凌行为。当然，若公然侵害劳动者权益则会构成违法行为，因此公司并不能直接命令劳动者退出工会，而只能通过对劳动者实施霸凌等处于违法边缘的“灰色”手段来达成目的。

针对劳动工会加入者的霸凌与第三章和第四章中介绍的霸凌案例有着相同的目的，甚至可以说是近年来职场霸凌的“原型”。

“例外”变成了日常，连“伪装”也不需要了

近年来的职场霸凌，其霸凌对象已经不仅仅停留于上述“原型”范围，而是得到了进一步扩大。尽管员工不是有意与公司对抗，却很容易成为公司的霸凌目标。

这一变化大概与职场失去了曾有的“宽裕”环境有关。在传统的日本式雇用制度下，正式员工的“松弛”感并没有被当作问题，而现如今却已不再能被包容，公司通过霸凌要求员工加以改正，或逼迫其辞职，或将其作为反面教师“杀鸡儆猴”。对公司来讲，“不可包容的劳动者”已从“对抗性的工会加入者”扩大到了更广阔的范围，原本属于“例外”的职场霸凌已变得常态化。

而且，正如前文介绍的诸多案例那样，现在即便没有得到公司的明确指示，已将公司的目的内化于心的同事也会“自发地”实施霸凌。也就是说，即使公司不将霸凌行为“伪装”成是由同事实施的，部分劳动者也会“自发地”将麻烦制造者驱逐出去。现如今，针对劳动工会加入者的霸凌也是这样。即使没有收到公司的指示，同事也会主动地痛骂工会加入者。在本章所介绍的案例中，相关同事责骂A“不是人”的情况就是一个典型例子。

在接下来的第六章中，笔者将对近年来范围进一步扩大的职场霸凌的“真面目”进行详细分析。

第六章

“经营服从型”霸凌的模式与历史

1

从属于经营法则的霸凌

什么是“经营服从型”霸凌

至此，我们了解了职场霸凌的现状、背景及其带来的“效果”。如果对其特征进行重新整理，则可以将近年来不断扩大化的职场霸凌大致分为三种模式。不过，这三种模式的霸凌有时会叠加发生。

第一个模式是“职场压力发泄型”。劳动者将在严苛的劳动环境中产生的压力，不是朝着对职场环境负有直接责任的公司或经营者，而是朝着职场的同事或下级发泄。从结果来看，这起到了将不满的矛头进行转移的“效果”。

第二个模式是“精神失常型”。正如我们在第二章中所看到的那样，由于长时间劳动以及与之相伴的不讲道理的霸凌现象，劳动者将变得无法思考，陷入“精神失常”

经营服从型霸凌	职场压力发泄型	※ 通过霸凌，转移对当下严苛的劳动环境感到不满的矛头。 ※ 同事成为加害者的情况也比较多。
	精神失常型	※ 对因长时间劳动而疲惫不堪的劳动者实施霸凌，让受害者陷入无法思考的状态，只能下意识地服从命令。
	秩序型	※ 通过对难以忍受长时间劳动或霸凌的劳动者、“生产性”较低的劳动者、追求劳动“质量”的劳动者，以及主张自己合法权利的劳动者实施霸凌，让其他劳动者“能动性”地工作。 ※ 具有“矫正”“清除”“反面教师化”等“效果”。 ※ 同事成为加害者的情况特别多。 ※ 对霸凌对象怀有敌意，不把对方当作人来对待。

状态，这也使得劳动者无暇对现状产生质疑，只能默默地忍受。

第三个模式是我们在本书第三章到第五章的诸多案例中所能看到的“秩序型”。那些被认定为不顺从经营法则的劳动者，会被视作“可以欺凌的”“可以不当人对待”的对象，从而成为激烈的职场霸凌的目标。通过“矫正”“清除”“反面教师化”等效果，让其他劳动者将自己定义为对公司有用的人而“能动性”地工作。需要补充说明的是，这里所说的“秩序”并不是指独断专行的经营者或上司的命令，也不是指起约束作用的公司内部的规章制度。

在本书中，笔者将这三种模式合在一起称为“经营服从型霸凌”。那么，经营服从型霸凌是如何得以在日本社会扎根的呢？

日本的产业结构与劳务管理的变化

经营服从型霸凌真正出现的端由是近年来日本产业结构的变化，以及日本企业在劳务管理上的改变。

从1980年代开始，以制造业为中心的、通过大量生产和大量消费带来的高速经济成长已走向穷途末路。大量企业为了压低工人薪金，以及为了扩大已饱和的市场，而开始推行以亚洲为中心的全球化发展策略，这导致日本国内出现了“产业空洞化”现象。

另一方面，作为代替衰退的制造业的新型“成长产业”，即广义上的服务业得到了扩大。例如，外卖、零售连锁店、IT企业等。加上以前由女性作为“家庭主妇”无偿承担的，或者由国家和自治体承担的护理、保育等公共服务相关领域，因制度改革而向市场开放，吸引了大量“利益至上”的企业加入。

这些广义上的服务业，属于劳动集约型产业，劳动者的工作内容在某种程度上是被限定的。因此，以往作为日本式雇用特征的“年功序列”“终身雇用”制度下的对劳动者的长期培养，现在已不再是必要任务。

让年轻人“工作到死也没事”的劳务管理模式的蔓延

在上述服务行业中，企业能够追求的利益是有限的。

由于工作内容是限定的，所以不可能像制造业那样通过技术革新和开发劳动者的能力来提高生产性。只有让劳动者“尽可能廉价地、长时间地”工作才能更好地获利。为此，企业想出了如下劳务管理方法。

首先，要求作为正式员工被大量录用进来的年轻人在入职后不久就开始长时间劳动并承担大量工作。这种方法可以对劳动者进行早期筛选。只有那些“有用”的劳动者，即，能忍受长时间劳动和无偿加班，在精神和身体上能忍受工作中受到的霸凌，以及对公司毫无怨言的顺从者才能留下来，而无法忍受的人则会自己选择离职。

从筛选中“幸存”下来的劳动者，如同消耗品一样，被迫工作到身心濒临极限为止。他们拼命工作到患上抑郁症，然后被抛弃。

像这样，年轻人大量离职，但公司很快又会大量录用新人，然后又将这些新人用垮。如此，循环往复，周而复始。在这种筛选和用完就抛弃的过程中，很多年轻的正式员工被逼入了绝境，要么过劳死要么患上精神疾病。对企业来说，他们是消耗品，为了实现企业利益，“让他们工作到死也没事”。

2000年代后半期，“黑心企业”这一术语以互联网为起点传播了开来，并在整个日本扎下了根，这一现象背后的原因就是企业针对正式员工的用工方式发生了变化。

对公司而言，不用培育年轻人，只需要在短期内用垮他们并获取利益即可。在这个过程中，年轻人是死是活都与公司没有关系。这样的劳务管理模式似乎也蔓延到了服务业以外的各个行业，包括长期以来一直坚守日本式雇用制度而愿意花时间培养正式员工的大型制造业。在本书第一章中介绍的大型制造业的案例中，即便加害者本人也许并不是有意为之的，但从结果上来讲，职场霸凌有可能导致了对劳动者进行筛选并让“幸存者”更加顺从的管理机制的形成。

“黑心企业”的职场霸凌

上述“黑心企业”型劳务管理与职场霸凌是密不可分的。正如第二章中所介绍的那样，长时间劳动导致了“职场压力发泄型”霸凌的高速发展，但与此同时，“精神失常型”和“秩序型”霸凌也没有停下脚步。

比较典型的是刚入职不久就举行的新人培训活动。企业采用通过集训对新人进行“洗脑”的手法，激发新人对企业的贡献意识和竞争意识，灌输销售额和工作指标高于一切的思想以及对工作的责任意识。跟不上的劳动者将会“掉出队伍”。像这类对新入职员工进行“矫正”或“清除”的培训，可以说是由公司主导实施的有秩序的经营服从型霸凌。

进而，在接下来的工作中，还有来自公司和上司的职场霸凌在等待着他们。例如，将庞大的工作任务强加给他们，对工作不能达到预期结果的下级进行长时间的责骂和否定其人格的“过激指导”。这在公司的防职场霸凌培训中，是被视为首要问题的、最典型的“职权骚扰”。

在本书第二章介绍的媒体行业的案例中，当员工因工作时间超出过劳死认定基准的长时间劳动而显出疲惫神色时，当工作中出现失误时，或对前辈的做法产生质疑时，就会遭到前辈辱骂“宰了你”“蠢货”“混蛋”等，甚至遭到前辈用穿着皮鞋的脚踢踹面部、用文件夹的尖角击打头部、勒脖子、殴打致流血等暴力言行。

同样是在本书的第二章，笔者介绍的物流企业的案例中则出现了因生活艰难而提出想换个收入高一点的岗位的职员遭受暴力对待的情形，以及工作速度慢的新人遭受前辈“斯巴达教育”的情形。

第五章中介绍的那名负责搬运自动售货机饮料的司机，只要工作出现一点失误，其前辈就在营业所内到处散布说：“这家伙，工作犯了这种错呢！”只要稍微休息一下，就会有人嫉妒地说，“我可是一点也没休息一直在工作呢，他凭什么休息”。若见他加班时间短，则有人会说，“那家伙在偷懒，给他安排点工作”。只要有一点点看上去没有在全力工作的样子，他就会被盯上，甚至被公开嘲笑。

这些霸凌很大程度上是为了规训年轻职员，让他们能够忍耐长时间劳动和庞大的业务量。

只是，在需要长时间劳动的职场中，这类“秩序型”霸凌往往与“精神失常型”霸凌同时出现。在第二章介绍的媒体行业的案例中，不分对象，所有年轻职员都不容分说地遭遇了暴力。在第五章介绍的“Japan Beverage东京公司”内存在的荒唐的“带薪休假机会竞答”及惩罚游戏。这些案例都可以说是“秩序型”霸凌在发挥着作用，且将职员逼入了精神失常状态。

2

“秩序型”职场霸凌

生产力低下的劳动者是“可以霸凌的”？

这种让劳动者“尽可能廉价地、长时间地”工作的劳务管理，并不只是在极度消耗劳动者的体力和精力的、存在长时间劳动的职场中扩大。公司在将作为“成本”的劳动者数量缩减到最低限度的同时，也在最大限度地增加每个劳动者的工作强度，甚至让劳动者在难以获得休息或休假的状态下持续工作。这种用工方式现如今已跨越了行业及雇用形态，扩大、渗透到了整个日本社会。

而且，这种劳务管理的对象不仅仅限于年轻职员，在有些行业已扩展到了中老年职员。甚至，那些合同制职员、劳务派遣性质的职员以及兼职家庭主妇的零时工和学生打工者等非正式编制雇用人员都成了这种劳务管理的对象。

以服务业为例，其核心业务已经变得简单划一，实现了标准化，因此完全可以交给非正式雇用人员去完成。尽管非正式雇员的薪金很低，但赋予他们的责任却越来越大，业务量也更多了。

在这种失去宽松氛围的职场中，霸凌问题得到了加速发展的机会。严苛的劳动需要发泄压力的“出气筒”。在这种情况下，“生产性”低下、“效率”差的劳动者作为“给职场添麻烦”的一种存在，成了其他人“可以欺凌的”“可以不用当人对待的”对象。

而且，这里所讲的“生产性”和“效率”并不是指能带来创新，或培养劳动者能力，或使社会变得更加富裕的真正意义上的生产力和效率。充其量也只是通过让员工长时间地、不休息地、低成本地完成简单的劳动来获取利益的程度而已。

对不符合要求的劳动者必须加以“矫正”或“清除”。而且，需要通过“反面教师化”等手段将“幸存”的劳动者的作用发挥到极致。

第四章中介绍的针对ADHD患者的霸凌就是这方面的代表性案例。比周围的人“失误”多、接受能力慢的ADHD劳动者，会被公司视为“生产性”低、“拖周围人后腿”、“可以不用当人对待”的存在，进而遭遇公然的侮辱，被迫承受巨大的精神压力。

特别值得一提的是，这种“秩序型”霸凌的加害者，并不仅限于经营者和管理层，普通同事率先成为加害者和实际执行者的情况也非常多。他们通过实施霸凌，将“生产性”低的劳动者视作“反面教师”，并进一步强化自己是更能胜任工作任务的存在的思想意识。其结果是，这些劳动者将成为对经营法则和市场法则更加忠实的“齿轮”而继续工作下去。

生育小孩的劳动者是“可以霸凌的”？

将“生产性”低、“给职场添麻烦”的劳动者视为“可以霸凌”的人，关于这一点，笔者还想谈一谈近年来已成为社会问题的针对孕妇的歧视现象。也就是说，存在针对“有妊娠、分娩、育儿需求的女性”的职场霸凌，因这类劳动者需要长期休假和缩短工时，不能作为“合格的劳动力”来计算，所以从企业经营理论来讲，这也是一种“成本”。

与过去不同，现在女性作为正式员工的前提是要能和男性职员一样可以长时间劳动或者愿意服从工作调动。女性职员中很多是非正式员工，正如前文所说的那样，即便是女性非正式员工，她们的工作责任和业务量也在增加。

另外，以前女性劳动者是被视作“家计补助型”劳动者的，因为她们身边有一个日本式雇用制度下的作为正式员工的丈夫。而现在，女性劳动者作为家计的主要承担者而外出工作的情况在变多。

在工作责任和业务量增加、外出工作的必要性增强的情况下，“妊娠、分娩、育儿”作为给职场“添麻烦”的行为而凸显了出来，企业为了抑制“成本”，作为“合理性”劳务管理的孕妇歧视现象便蔓延开了。

在此，笔者想强调的是，实施孕妇歧视的不仅仅是经营者和上司，由同事实施的孕妇歧视案例也并不少见。

作为案例之一，笔者想介绍一则由记者小林美希在2018年写的报道。作为正式员工的女性A在怀孕后接到了上司的劝退通知，但她提出了自己想继续工作的想法。不久，当她因妊娠反应变得强烈而跑向卫生间时，帮A分担了一部分工作的前辈故意大声嘀咕道:“如果不能胜任工作，那就是给别人添麻烦。真是不自觉!”值得一提的是，这些前辈一直加班到了将近晚上12点。

此外，当A因担心流产而想在比往常早一些的晚上10点（已经很晚了！）下班时，前辈们咂舌道:“哎呀，好羡慕孕妇呀!”在那之后，为了不被同事们说“不自觉”，A忍受着孕吐的痛苦，甚至自愿接受了搬运沉重资料的工作（参见小林美希:《中年自由职业者》，NHK出版新书，2018）。

根据2020年厚生劳动省实施的孕妇歧视调查统计，在受害者的具体受害情况中，紧接着占比第一的“上司阻碍制度（如产假和育儿假，或其他缩短劳动时长的制度）的利用申请以及阻碍制度的实际利用的言行”（24.3%）和占比第二的“具有骚扰性质的言行、不让受害者工作的持续性骚扰”（24.0%），是“同事持续阻碍制度的利用申请以及阻碍制度的实际利用的言行”（16.7%），位列第三，占比高于“收到解雇和不利的人事变更（由正式员工变更为非正式员工而导致劳动待遇降低等）的暗示、遭到强制离职和不利的人事变更”这一项。

孕妇歧视的实施者中，“上司（董事以外）”（62.7%）占比最高，其次是“公司的管理者（董事）”（30.4%），而“同事”（20.5%）则位居第三，也占了两成以上。

统计显示，没有被视为孕妇歧视行为的“与妊娠、分娩相关的否定性言行”的实施者中，“上司（董事以外）”（60.8%）占比最高，其次是“公司的管理者（董事）”（29.2%），“同事”（22.2%）位居第三，也是有两成以上的人回答受到了同事的霸凌。

这类由同事实施的孕妇歧视是典型的“秩序型”职场霸凌。与发育障碍者相关的案例一样，部分劳动者在严苛的职场环境下会积极地将企业的经营法则作为价值和规范而加以内化，且由于害怕会影响到自己的工作而对因妊娠、分娩、育儿等给职场“带来麻烦”的同事心怀憎恨。此外，通过霸凌那些“跟不上”严苛的工作任务的劳动者，他们会越发地将自己视为对公司有用的人并以此重新定义自己的身份认同。

重视工作质量的劳动者是“可以霸凌的”？

“秩序型”职场霸凌的目标不仅仅是“生产性”低的人。那些讲究工作质量的劳动者也会成为霸凌的目标。

在“尽可能低廉地、长时间地”使用劳动者的劳务管理体系下，工作“内容”也都是些简单的劳动，劳动者只要按照标准要求作为“齿轮”顺从地工作就可以了。这种用工方式蔑视与人的生命和生活直接相关的、具有较强社会性的劳动的“质量”，导致相关行业的劳动者产出的产品、服务，尤其是护理和公共福利行业提供的服务“质量”大幅劣化。

尤其是在本书第三章中提及的保育和护理类职场，由于企业想要的是削减成本，相关经营者并不在乎服务质量的劣化。在削减职员人数和必备品的条件下，那些能尽可能以最少的时间和精力照顾尽可能多的服务对象的劳动者在职场中会受到表扬。

尽管如此，那些特别是以人为服务对象的行业中，仍然存在一些讲究劳动“质量”、忠于“职业伦理”、以服务对象为重、工作“自律”的劳动者。

然而，对于优先考虑削减成本的职场来说，那些想要做好本职工作的劳动者，或者是要求企业增加职员人数和提供宽松环境、对虐待现象打抱不平的劳动者也都被当作“麻烦制造者”，成为企业“清除”和“矫正”的对象。像这样，连对孩子和老年人的关爱之心也成了霸凌的导火索。

甚至，对这类劳动者实施的残酷霸凌会被作为反面教材，用来规训其他劳动者，让他们不要关心工作的“方式”，而只是根据经营法则顺从地工作。

这种让员工放弃追求劳动“质量”的做法并不止于医疗护理和公共福利领域，就连属于广义上的“护理”行业的教育行业，以及其他公共福利行业、IT行业，甚至是简单劳动较少而社会功能性较高的新闻行业和创新型行业，也都存在上述现象。

那些对工作质量有讲究，并不站在公司或经营者的立场考虑利益问题，而是为了成为真正对他人、对社会有用的人的劳动者，会被当作具有“错误”劳动观的人而受到敌视，成为霸凌的目标。其结果，在护理类职场中，虐待服务对象的现象越发横行，而对追求服务质量的劳动者的霸凌又导致这种现状难以得到改善。职场霸凌正在让以护理类行业为首的各种社会服务行业产生越来越大的裂痕。

3

推动职场霸凌的“敌意”

同事们的“敌意”与“自卫团化”

上述违背企业经营和市场法则的劳动者会受到公司及其管理层的敌视，这从某种意义上来讲也许是理所当然的。但是，那些既不是经营者也不是管理层，仅仅只是同事的人，却如“确信犯”[①]般地以其他同事为目标，对他们实施职场霸凌，这种现状着实令人吃惊。尽管这些率先实施霸凌的劳动者自身也许有朝一日也会因其健康、生活、家庭等问题而成为被清除的对象。

---

① “确信犯”（又名信仰犯）是指，基于道德、宗教、政治上的信仰而实行的犯罪。此概念由德国学者古斯塔夫·拉德布鲁赫提出。在日语中，也用于表达对自己的行为有着明确认知的，某个（不好的）行为的实施者。——译注

在这种情况下，霸凌也许已经不需要上级的指示了。既然存在看经营者或上司脸色行事的“忖度式”霸凌行为，那自然也存在将企业重视经营的价值观内化于心的更为“自发性”的霸凌行为。

而且，这种职场霸凌更为残酷。揪出不服从经营法则的劳动者，揪出后并不是将他们当作人，而是当作可以否定其人格的“敌人”来对待，甚至想要以此“杀鸡儆猴”。这已不是在寻求压力的发泄口了，而是站在“公司视角”无法容忍不为公司做贡献的劳动者的存在，进而提高了攻击性。

在某种意义上，对加害者来说，揪出降低职场生产力的“元凶”并实施霸凌似乎成了某种“使命感”，甚至可以说已经具有“自卫团”性质了。

世界范围内由同事实施的霸凌中较为多见的是为了“击溃”对手，但日本是例外

上述“自卫团”性质的经营服从型霸凌未必是为了对自己“有利”，这一点我想再次强调一下。

作为与此形成鲜明对比的另一种职场霸凌的目的，我们可以通过法国精神科医生玛丽-弗朗斯·伊里戈扬的畅销作品《精神霸凌伤害了人和公司》（纪伊国屋书店，2003）

里的记述来了解一下。伊里戈扬对1990年代的职场霸凌进行了详尽分析，并推动了全世界针对职场霸凌确立对策的进程。

在伊里戈扬按加害者类别对职场霸凌进行分类的过程中，她列举了与上司实施的“垂直性”霸凌相对的由同事实施的“水平性”霸凌。伊里戈扬指出，在这种水平性霸凌案例中，较为多见的是为了击溃与自己在晋升方面处于竞争关系的同事而实施的霸凌，并在其书中具体介绍了一个负责新人培训工作的秘书每次都会霸凌新入职的秘书并逼迫对方辞职的案例。

与伊里戈扬在她的著作中介绍的案例不同，笔者在本书中介绍的绝大部分案例，加害方的劳动者虽然实施了霸凌，但其自身并没有获得晋升的希望，也没有什么要获得或占着不放的职位，也不会因为实施职场霸凌就能提高自己的评价。他们也只是公司随时可以替换的劳动力而已，在这种自己随时可能被用垮的情况下，很难产生“想在公司内爬上高位”“不想自己的利益被剥夺”等实利性动机。

他们实施霸凌也许是有那么一点点期待自己会受到上司的好评、自己的利益会得到提高的“幻想”成分，但现实是，他们的霸凌行为带来的并不是劳动者自身的利益，而是公司的利益。日本的这些劳动者既不是经营者，也不能分享经营者的利益“分配”，但他们却将企业的经营法则内化为自己的价值观，将如何尽忠职守作为自己的至上命题。

如果说实施霸凌的劳动者存在可以通过霸凌获得的“利益”的话，可能也只是“希望将不听话的家伙赶走，换上其他可用的人，让工作变得轻松些”“向同事施加压力，把自己的工作推给对方，哪怕是一点点也好”“欺负那些令人生厌的家伙，可以让自己心情舒畅一些”之类的低级“利益”吧。

相反，实施霸凌将他们变成了也令他们自己很痛苦的用工方式的拥护者，结果就是自己卡自己的脖子。在日本，职场霸凌是以对劳动者来说并不“合理的”方式出现的。企业的经营法则及其形成的“秩序”已是如此深入地渗透进了大部分日本劳动者的内心。

与歧视相结合的职场霸凌

对那些被判断为不遵守经营法则的劳动者实施的职场霸凌中，也存在霸凌者几乎不将对方当作与自己一样的人来看待的残忍霸凌事件。其背后存在着以追求利益为由，将具有某种特征的劳动者看作“霸凌也没有关系”“可以不当作人来对待”的意识。这种意识也许可以说已经近似于“歧视”了。

在此，我们首先需要说明一下“歧视”的概念。“歧视”是指根据性别、国籍、人种、民族、身体障碍、性别认同、雇用形态等的差别，由社会性集团对个人加以“区别”或“排除”，制造出不平等的行为。以社会属性为理由否定对方拥有平等人权的行为正是通过歧视意识“正当化”的。而且，在职场霸凌中，有很多案例都是加害方利用了受歧视者在劳动市场中处于不稳定地位的境遇。

比较有代表性的就是男性对女性的性骚扰。尤其是在日本社会，企业并不希望正式员工由于家务、育儿等原因请假或缩短工作时间，他们希望的是员工不休息地、长时间地劳动。现实中有很多家庭都将家务及育儿工作推给了女性，在这种情况下，女性想继续工作下去会变得很困难，她们在单位要么难以得到好评，要么因怀孕而被迫离职。如果想换工作的话，很多情况下她们也只能成为非正式员工。因此，为了能够保住现在的职位，她们很难发出抗议的声音。可以说加害方的男性正是利用了女性的这一处境对她们实施了性骚扰，即便他们可能没有明确地意识到这一点。

在与歧视相结合的霸凌中，更多的是正式员工对非正式员工的霸凌，虽然这里面与对女性的性骚扰案例相重合的情况很多。由于非正式员工的雇用合同的期限多是几个月到一年，所以他们随时有可能被停止雇用。此外，如果工作是轮班制的话，也会出现不给他们排班的霸凌现象。受害者向公司告发正式员工的霸凌，却反而被公司不续签雇用合同或不给排班，这类劳动咨询非常多。第三章中介绍的在保育园工作的A就属于这类霸凌的典型案例。

最近，针对外国人的职场霸凌也比较醒目。来自公司的霸凌自不必说，作为同事的日本人劳动者也会对他们实施霸凌。在日本，外国劳动者处于非常弱势的地位。尤其是技能实习生和留学生，他们的劳动条件非常恶劣，在留资格[①]本来就很不稳定，如果向工作单位抱怨的话，要么将处于“非法滞留”状态，要么被公司相关人员带到机场，强制遣送回国。

此外，针对很难被雇用的发育障碍者和性少数群体实施的职场霸凌也频繁发生。社会性歧视与劳动市场中雇用的不稳定性结合在一起，使得受害者越发沉默，而加害者越发容易实施霸凌。

“秩序型”职场霸凌与歧视接近之时

正如在第四章中也稍有提及的那样，在日本，由于禁止歧视的社会规范比较脆弱，即便现在，也比较容易以对方是社会性少数群体为由公然地对受害者实施歧视。但是，

---

① 即日本法务省颁发的允许外国人入境的许可证，一般可细分为“在留资格认定证明书”（书面证明材料）和“在留卡”（一种专门发给在日本滞留3个月以上的外国人的身份证）两部分。——译注

如果就这样放任不管的话，成为社会“问题”的“风险”又会很高。于是，人们就利用经营法则和市场法则，不是以受害者属于少数群体的一员为由，而是从自身所属的群体的整体立场出发，得出了“(要平等地对待那些人的话)需要花费很高的社会成本”“这类人为社会做贡献的能力很低”的结论，并通过这样的逻辑将歧视行为“正当化”。

在职场霸凌中，这种倾向尤为突出。具体来讲，就是通过“外国劳动者态度不够认真，因而不行”，“发育障碍者工作速度慢”(第四章中介绍的发育障碍者是典型例子)，“有小孩的女性用起来不方便”(孕妇歧视)之类的歪理，为歧视行为裹上“由于这类人是给职场添麻烦的人，因此不用平等对待”的“正当性”外衣。“禁止歧视”的社会规范就这样成了一具空壳。对少数群体的歧视越来越接近“秩序型”职场霸凌。

与此同时，“秩序型”职场霸凌的对象，也在逐渐指向遭受新型歧视的社会群体。那些工作速度慢的人、重视工作质量的人、向公司主张自己的合法权利或加入工会的人都可被当作“可以霸凌的”“可以不当人对待的”对象。换言之，在现在的日本社会，对那些“哪怕只是给职场添了一点点麻烦的”“不优先考虑经营成本的”“不顺应经营法则和市场法则的”劳动者，是用不着平等对待的，也是可以不认同其人权的，这类职场霸凌正在成为歧视的一种新范畴。[①]

经营服从型霸凌正在经营法则和市场法则深入渗透的、宽松环境不复存在的日本社会中蔓延。而且，在“秩序型”职场霸凌中，不仅仅是经营者和管理层会成为加害者，连劳动者自身也会成为加害方并自发地实施霸凌。霸凌与歧视相结合，不把受害者当人一样看待的残忍行为也就变得“正当”了。

要想从根本上杜绝这类霸凌的话，必须要对经营法则至上的日本社会结构进行改革。

---

① 在被归类为歧视型霸凌范畴的劳动者中，有时也会出现由那些认为自己更能为经营或市场法则做贡献的加害者实施霸凌的情况。本书第一章所讲述的娱乐设施内的职场霸凌就是其中一例。虽然同为最低薪金的非正式员工，但对于学生和年轻的自由打工者来说，他们觉得30多岁还是非正式员工的那名男性前辈从某种意义上讲，是没有能力适应市场的劳动者，是可以不用当人来对待的。可以确信的是，在这起非正式员工之间发生的霸凌事件中存在着对“中老年自由打工者”的歧视意识。

4

为什么日本的劳动者难以对抗经营法则

早已失去对抗力量

“秩序型”职场霸凌为何对日本社会渗透得如此彻底?在此，我想说明的是，一直以来，在日本社会中与将职场霸凌“正当化”的经营法则相对抗的力量原本就很弱。

说到过去的日本式雇用制度，大家很容易联想到的是“终身雇用”“年功序列”所象征的一种“稳定”“平等”的机制。然而，实际上，成为当下的职场霸凌温床的“从属于公司”的思想以及劳动者之间的“竞争”意识在过去的日本式雇用制度下已经遍及职场。

欧美式雇用体系是以“工作内容”为基准的。劳动者从事特定的工种，如果工作内容相同，无论在哪个企业上班，其薪金基本上都是一样的。工作内容的范围如何界定、各工种的薪水标准如何确定，都与横跨企业的各类行业工会的谈判有很大关系。劳动者不是通过企业，而是通过具有相同身份的劳动者自己组成的工会来限制企业内部或业界内部的“越俎代庖”行为，由劳动者自己来掌控自己的劳动条件。[①]

只要工作内容一样，则无论是谁薪水都一样，这个规则横跨不同企业，超越了性别和人种。这种对劳动者“平等”对待的社会法则已经成为行业惯例。

相反，在日本式雇用制度下的正式员工中并不存在这种职业准则。无论是薪水的决定方式还是晋升都由公司决定。首先，劳动者的工作内容本身没有被限定，他们会在公司内部被频繁地调动，灵活地熟悉各种岗位的同时慢慢地晋升为科长、部长。

其次，在涨薪或晋升方面，导入了在欧美式劳务管理

① 原昭和女子大学的木下武男教授在他的著作《何谓劳动工会》（岩波新书，2021）中指出，劳动工会的根本功能是“限制竞争”。木下教授引用了卡尔·马克思的“劳动者之间的不团结是由劳动者自身之间无法避免的竞争产生并长期维持的”，并论述道：“虽然经营者对劳动者进行压榨，使劳动者陷入残酷境地是必然的，但不能将劳动者悲惨境况的产生简单地归结于经营者蛮横而毒辣的行为。不是敌人，而是在伙伴之间，或者说劳动者的内部，存在着导致悲惨境况产生的根源。这才是重点。”在劳动者互相敌视、关系被迫分裂的境况中，限制“抢功”或竞争，并致力于团结的劳动运动在资本主义的历史中得到了反复实践。在工会运动比较弱势、对竞争的限制尚不完善的日本，因公司利益至上这一经营法则而导致劳动者之间的霸凌现象变得越发激烈，可以说是必然的。

中根本不可能出现的对全体正式员工的“评审”制度。日本的这种对正式员工的评审，并不是按照工作内容这一客观基准，而是根据个人的“能力”来决定的。而这个能力指的就是“对企业的贡献度”。

最后则是无偿加班，积极地接受休息日出勤的要求，不申请带薪休假。既能接受突如其来的异地调动或者不熟悉的业务岗位的调动，也能忍耐举家搬迁、单身赴任或其他一些荒唐的业务安排，拥有这样的“态度”和“人格”才能得到好评。因此，日本式雇用制度下的正式员工是以不用承担家务和育儿（可以推给作为家庭主妇的配偶）的“男性”为大前提的。

至于能涨薪或晋升到什么程度，则由各个劳动者的贡献度来决定。入职当初，属于同期的同事是在同一起跑线上的，但之后会慢慢拉开差距。付出自己的余暇、健康和家庭等，一切价值观都服从于企业需要，没日没夜地参与“升官晋爵”的竞争。

在这个过程中，劳动者内化于心的不是作为某种职业的劳动者身份，而是作为公司“职员”的身份。作为“回报”，劳动者的长期雇用和年功工资可以得到保障。在这样的环境下，劳动者为了自己的生存，为了配偶和孩子，“从属”和“竞争”是他们唯一的选择。

结果，就全世界来看，日本的劳动者显得格外特别，他们被公司利益深深地绑架，无论是什么命令都能顺从地接受。而且，他们被迫与公司内的其他同事竞争，同一职场的劳动者难以团结在一起。也就是说，抑制经营法则、制止职场霸凌的对抗力量从一开始就已经失去了其生存的土壤。

而且，现如今尽管连“回报”也得不到保障了，却依然还有很多劳动者对公司抱有“幻想”，思想上无法从“从属”转向“对抗”。

有“包容余地”的日本式雇用制度及其“例外”

在过去的日本式雇用制度下，也有过可以称之为“职场霸凌”的行为。不过，即便客观上是相当于侵犯人权的行为，但基本上也是以长期雇用和公司内的“培养”为前提的。听上去也许很荒唐，但这可以说是日本公司内部的“包容”体系的一环。

即便是不太能胜任工作的劳动者，公司也会给他安排其他工作或者安排其他上司和前辈，酌情安排“适合”他的职场，花时间加以“培养”。当然，这也只是因为公司有着让劳动者以某种形式为公司的利益做“贡献”的期待，是公司的“温情”措施，是有限度的。话虽如此，毕竟公司并没有通过短期的评价来驱逐员工，可以说是有“包容余地”的。

不过，这只限于劳动者是“顺从”的员工，公司才会有如此的包容余地。即便是正式员工的男性职员，如果敢于积极地与企业经营方针唱反调，主张自己的合法权利的话，也会“例外”地成为公司毫不留情的清除对象。会像对待本书第五章所讲述的不迎合公司利益的劳动工会加入者那样，对其实施彻底的霸凌。

在如今日本产业结构发生变化，劳务管理也大变样的状况下，这种放在过去属于“例外”的职场霸凌已经“普遍化”，经营服从型霸凌也由此诞生了。①

另外，在日本式雇用体制下，女性、非正式员工、外国劳动者原本就无法成为正式员工，是一直受到歧视的对象，这一点我们不容忽视。

① 在写作本章内容时，笔者从甲南大学名誉教授熊泽诚先生的著作中得到了很大启发。

第七章

职场霸凌能否消除

“霸凌对策”将何去何从

那么，如何才能消除职场上的霸凌和骚扰呢？

随着2020年6月《职权骚扰防止法》的实施（当时的适用对象仅为大企业，中小企业是在2022年4月以后开始适用的），人们开始越来越多地关注企业的“霸凌对策”。

《职权骚扰防止法》中规定，作为应尽义务，公司应针对“职权骚扰”明确相关方针并做到周知，要完善咨询体制，接到咨询时要做出正确应对等。

但正如我们在本书中看到的诸多案例那样，对很多公司来说，比起认真实施相关对策来说，放任不管更有好处。在迄今为止接到的众多劳动咨询中，笔者不断地听到有受害者发声说，听闻公司设置了相关咨询窗口，然后就去窗口进行举报，结果公司并没有认真处理。[①]

① 即便其具有成为启发社会的契机的意义，但从实效性的观点来看，笔者对这种“来自上层”的霸凌对策并没有抱什么期望。不仅如此，它在针对经营方霸凌问题的对策讨论中，甚至可能起到了相反的效果。某位经常出席厚生劳动省委员会的企业经营顾问列举了“正义/正当性的力量”（作为职场霸凌之根源的“优越性”的一个例子），（转下页）

其实，说回《职权骚扰防止法》本身，其内容也只是停留于要求公司采取对策以使“职权骚扰”不要成为“问题”而已。就该防止法的范围来讲，公司如果对“职权骚扰”的相关规定和咨询窗口做了形式上的介绍，就基本上算是完成了任务。如果有人来咨询，那么就适当地应付一下，以便将来好有借口说已经“适当”处理了。

也有相当多的企业为了不让管理层成为职场霸凌的加害者而让他们参加培训，然而，对于那些容易受到霸凌伤害的一般职员（含非正式雇员），我们几乎没有听说过有哪个企业会告知他们什么样的行为相当于霸凌或骚扰，以及他们自己拥有哪些权利。

最重要的是，该防止法中，既没有劳动者在追究公司

（接上页）他认为“大肆宣扬自己的正确性，彻底谴责对方”当属利用正义这一优越性地位的霸凌行为，而且该“正义”还包括主张“生命的重要性”这一价值观的行为。但是，这样一来，劳动者“为了生命”（无论是防止过劳死或过劳自杀以保护劳动者的生命，还是防止服务质量的低劣以保护服务对象的生命），而对上司和同事提出忠告或向他们表示抗议的行为，就有可能会被当作职场霸凌。事实上，笔者负责的劳动咨询中就有这样一个案例。在一家股份有限公司经营的有国家认可资质的保育园里，保育员们对强制他们长时间劳动的、蔑视儿童监护人的园长提出抗议后，公司竟主张说保育员们的行为构成了“对园长的霸凌”，欲将抗议的中心人物“左迁”至其他保育园。后来，这些保育员加入了护理/保育联合工会，并在获得了儿童监护人的理解后实施了全天罢工。最终，抗议活动取得了成功，他们不仅让那名园长被“左迁”，还迫使公司改善了劳动条件。将劳动者的正当抗议与霸凌等同起来的观点，会导致公司姑息作为霸凌温床的糟糕职场环境，导致所有声音被封锁，劳动问题也得不到暴露。

责任、行使自己合法权利之际非常重要的将“职权骚扰”认定为违法行为的相关条文，也没有写上禁止“职权骚扰”的规定。

笔者也在本书中反复指出过，要想让公司实施彻底的霸凌对策，就必须要让公司意识到放任不管的话将会导致更多的经营“成本”。要想让公司有这样的意识，那就必须让劳动者能行使自己的合法权利，让公司意识到职场霸凌会成为社会性问题。

劳动者发声的艰难性

自发地适应经营法则的劳动者在增加的同时，因受到骚扰而下定决心行使自己合法权利的劳动者也开始出现了。但现实情况是，很多劳动者会在行使合法权利的初始阶段感到非常苦恼。

他们中有苦于职场霸凌却又缺乏与公司对抗的勇气而感到苦恼的人；有看到同事被霸凌而犹豫着能否想办法阻止的人；也有对忽略工作质量和服务对象的安全而优先经营法则的工作方式持怀疑态度的人。我们从接到的劳动咨询中，听到了无数这种纠结的声音。

我们需要更多的劳动者能鼓起勇气跨出这一步，为自己发声。但是，严苛的劳动环境和霸凌夺走了劳动者的精力。

即便告诉他们可以行使自己的合法权利，但当事人因不想与公司对抗而放弃行使合法权利的例子并不少见。可以看出，劳动者已身心疲惫到了相当严重的程度。

尽管如此，还是有很多愿意对职场霸凌发声、与公司做斗争的劳动者，相关案例我已经在本书中做了很多介绍。这些劳动者来自媒体行业、物流行业及自动售货机运营公司等。他们因苦于霸凌而决意哪怕是一个人也要与公司对抗到底，这无疑对职场环境的改善带来了很大的影响。

“支援者”的重要性

但是，孤身奋战并不是一件容易的事。这时，给予他们支持的是“伙伴”。就好像本书第五章介绍的案例那样，有时也会有意想不到的伙伴出现。职场中若存在能与自己一起斗争的伙伴，不仅在当事人受到质疑（或诬陷）时可以拿出更多的证言，而且能给公司施加更大的压力，甚至从能提供一定的精神支持和情绪价值来说，也是非常重要的。最重要的是，职场中的劳动者们团结起来，自主地参与并决定自己的劳动方式，而不是对公司言听计从，这才是理想的职场状态。

话虽如此，在行使合法权利之际，即便是同一职场的、与自己同甘共苦的同事，成为伙伴的可能性在现阶段的日本也绝不能说是很高。如同第五章的案例那样，被同事们当作与公司对抗的麻烦制造者而遭他们憎恨的情况反而更多。

因此，关键在于“伙伴”和“支援”的方式。在本书中介绍的关于联合工会的所有案例中，对站出来发声的劳动者给予支持的除了同一职场或企业内的人，还有其他“支援者”。例如，同属一个工会的其他职场或其他行业的劳动者，甚至包括学生，他们和当事人一起参与谈判，一起做一些在公司前散发传单之类的街头宣传，或者通过网络发起集体活动等，以各种各样的形式来支持当事人。最终，他们成功地迫使公司改善了劳动条件。

据说，在学校发生的孩子们之间的霸凌事件中，除了作为直接当事人的“加害者”和“受害者”之外，“旁观者”的作用也很大。[①]这是因为了解霸凌情况的旁观者可以通过调解、向外部报告等方式阻止霸凌的发生或使霸凌得到早期发现并作为问题暴露出来。而在成年人的霸凌中，起到这种“旁观者”作用的可以说正是广义上的“伙伴”吧。

霸凌或骚扰发生时，给予当事人支持的“伙伴”不一定是同一职场的同事。正是那些愿意给予支援的广义上的“伙伴”的存在，才使得当事人对合法权利的行使成为可能。

---

① 此处参考了荻上チキ（Ogiue chiki）的《产生霸凌的教室》（PHP新书，2018）。

附录

给苦于职场霸凌的受害者们的实践性建议

在选择是“向公司和上司咨询”还是“辞职”之前

当自己或周围的人遭遇霸凌时，我们该怎么做？也许大家首先想到的是向公司的咨询窗口或向上司寻求帮助。或许也有人会劝说道：“那种公司还是辞了吧。”

但是，请等一下。这两种处方虽说比较正统，但我还是希望大家在将这两种方法当作首选时要慎重一些。当然，最终还是有可能会选择这两种应对方法的。但是，无论是不想再受到更多的伤害，还是考虑将霸凌现象曝光，笔者希望大家在这之前尝试一下以下方法。

（1）收集证据；（2）暂时休假；（3）尝试找公司外部的专家咨询。

公司是如何欺瞒霸凌问题咨询者的

首先，让我解释一下为什么希望大家不要选择立即找公司或上司寻求帮助。

在《职权骚扰防止法》实施后的现在，公司一般都是采取了霸凌对策的。因此，大家往往会觉得找公司或上司咨询也许会得到最妥善的解决。然而，现实是不但没用，而且还起到了相反的效果。

接到求助咨询的总公司的负责人或上司放任不管的情况经常出现，这一点我已经陈述了很多次。但即便是公司开始对霸凌事实进行调查，也有各种各样的壁垒在等着他们。

在此，若将受害者进行霸凌咨询的主要目的粗略地分为两大类的话，那么第一类是当霸凌仍在进行中时希望加害者能立刻停止霸凌；第二类是让公司切实地解决已发生的霸凌。

其中尤其困难的是让公司解决已经发生的霸凌。对于过去发生的霸凌事件，在各个阶段都很容易被敷衍了事。

最初的难关便是事实认定。加害者对于调查会回答说“我没这么做过”“不记得了”等，而霸凌行为很有可能得不到认定。当然，即便加害者予以否认，公司是可以根据对综合情况的判断而认定霸凌事实的，也可以在问询时采取方法让加害者难以说谎。但是，有不少公司只想着做一些形式上的调查来敷衍了事或加以隐瞒。甚至有的案例让人觉得公司是不是事先跟加害者统一了口径。

其次，即便受害事实在一定程度上得到了承认，仍存在公司将问题过小化评价的壁垒。常有的说辞包括“你觉得对方的说话方式让你不愉快，那也是没办法的事，但不能认定那就是霸凌”“确实有这样的行为，但不构成违法”“对方没有问题”等。公司会想通过这些解释来搪塞受害者。

最后，对加害者的“处分”和对受害者的“关怀”可能会过于敷衍。对加害者只是简单的提醒警告，并没有禁止加害者在职场接近受害者。即便受害者本人希望将受害事实公之于众，但公司并没有做出任何通告。加害者及经营者连道歉都没有，更别说赔偿金或和解金什么的了。这类案例非常多。

与已经发生的霸凌形成对比的是，那些正在进行中的霸凌，虽然受害者的咨询被搁置不管的情况也很多，但在这些案例中，我们能看到，只要公司和上司稍微采取一点行动，霸凌行为就会立刻停止。

不过，也会出现一些由于公司的调查和处理不彻底，导致霸凌行为变得更加隐蔽，更难被外部发现，或者加害者对受害者实施报复的情况。如同下面将要讲到的那样，还存在加害者变得更加警惕，令受害者难以收集证据的风险。

暂且抛开对公司的幻想

笔者特别想说的就是，最好抛弃那种认为找公司或上司咨询的话问题应该会得到解决的“幻想”。经常有就职于非常有名的大公司的咨询者反映说，他们在向公司举报职场霸凌现象后，公司竟然无动于衷或敷衍了事，根本没有采取任何有效措施。笔者不知多少次听到了“我是那么相信公司，没想到被背叛了”这样的话语。公司本来就是以追求利益为目的的组织，不是靠善意就可以打动的。只要公司不觉得不适当处理对公司来说是一种风险，就别指望公司会真诚地处理问题。

虽然也存在公司做出了令受害者认可的处理的案例，但从受害者的角度来讲，这种情况只能说是“靠运气”。因此，受害者需要提前做好心理准备，不要毫无防备地信任公司，并时刻保持警惕。

“录音”会非常有效

为此，我们需要提前做好与“事实认定”相关的准备工作。这个时候首先希望大家做的，就是收集证据。因为没有证据的话，要想让公司或加害者承认霸凌事实是相当困难的。

若是在邮件、聊天软件等社交媒体上遭到霸凌，可以将电脑或手机上的画面拍摄下来，或者通过截屏等手段将文字材料保存下来。做记录也很重要。何时、何地，受到了谁的、什么样的言行霸凌，这些信息要尽可能详细地记录下来。如果有受伤的话，将受伤的地方拍下来并去医院检查，拿到诊断书，这是非常关键的。

其中，特别有效的是“录音”。可以通过录音笔或手机软件等将对方的言行录下来。这时，不必征得对方同意。也许你会觉得背着对方录音就相当于“偷拍”或“窃听”而感到犹豫，但你要知道，“秘密录音”在法庭上是可以被采用来作为证据的，完全没必要有罪恶感。实施霸凌的一方才有罪。

录音有时会成为“暴行”的证据。在笔者经手的案件中，曾有咨询者通过手机将其遭受店长殴打、踢踹时的声音录了下来，在将相关录音提交给警方后，该咨询者成功起诉了加害者并使后者受到了应得的处罚。

有时候，语言霸凌也会发生在谈判桌上。这时，应事先将录音设备打开。如果是突然被叫过去的，则可以以“我先去一下卫生间”等为由，暂时离开座位，将录音开关打开后再回来。

但是，也有毫无征兆地突然遭受语言暴力的情况。由于无法预测霸凌发生的时间，有的咨询者会在上班时将录音一直设置为打开状态。在这种情况下，事后要对所有录音内容进行确认，将是一项巨大的工程，所以最好将哪一天的什么时间发生了什么事用笔记录下来。

同样，也有将霸凌受害的情况通过录像“拍摄”下来的方法。要拍摄到让大家一看就知道是霸凌的画面虽然需要一定的技术，但如果条件允许的话不妨试试。

录音失败时的“后手”

虽然受到了霸凌，但如果没能当场录音，是不是之后只能靠记忆做笔记了呢？其实还有“后手”，那就是可以做好录音准备的同时重新询问对方，“刚才，你是这么说的吧？”“你刚才不是这么做了吗？”如果能录下加害者“我是做过，有什么不满吗？”“那又怎样？”之类的回答，就可以用来作为重要证据。当然也可能会出现“有这样的事吗？”之类的回答，以及遭到对方无视而失败的情况，但尽管如此，这种方法还是值得一试的。同样，通过邮件、聊天工具等社交媒体向加害者进行询问也不失为一种方法。

“向舆论公开”也是一种手段

证据的作用不仅仅是让公司认真调查，在向公司求助后没有得到妥善解决时也可以选择将证据“公开”。公司对于霸凌受害的应对是否恰当？我们可以通过公开证据来向社会寻求解答。

具体的方法，就是将证据提供给媒体或者发布到网络上。如果能在合适的时机公开的话，将会引起社会的强烈反响，公司的应对也会难以置信地发生转变。

但是，也有需要注意的地方。最近，出现了因当事者本人通过互联网公开自己的霸凌遭遇而引起“热议”的情况。这时，发布信息的受害者有可能会将自己置于法律风险中。事实上，也出现过受害者遭到加害者以妨碍业务、损害名誉为由的索赔，甚至被威胁要提起刑事诉讼。另外，虽说对方是加害者，但对对方个人信息的公开还是需要持慎重态度。

正因为存在上述风险，所以笔者不建议大家轻易地在媒体“公开”相关信息。最好在向公司外部的劳动问题专家进行详细咨询后再采取行动。如果是劳动工会的话，根据劳工三权中的集体行动权，这类宣传活动是法律所允许的。作为社会运动，向舆论公开霸凌受害情况，使之成为社会事件，这也是前文中介绍过的有效手段之一。

也要收集好霸凌之外的相关证据

不仅要收集有关霸凌的证据，其他劳动问题的相关证据最好也尽可能地保留下来。例如，能够证明长时间劳动或未付加班费等情况的打卡记录或电脑的运行记录等。

当提出这样的建议时，有的咨询者会只局限于职场霸凌问题，说“我想解决的问题只是职场霸凌问题”“其他事情我都可以忍受，没有关系的”。这种心情我能理解，但我自有推荐大家如此广收证据的理由。

首先，要让公司妥善处理霸凌问题，即便有证据，其难度也是很大的。当公司采取退缩的应对态度时，可以通过律师或劳动工会将公司的其他问题一并暴露出来。在这种情况下，公司为了一揽子“解决”各种问题，自然也会改善霸凌问题的应对方法，这样的案例还是比较多的。

下面是笔者实际经手的一个案例。在一家对员工的长时间劳动没有支付分毫加班费的公司里，发生了性骚扰事件。虽然加害者始终坚持“自己没有做过”，有关性骚扰的证据一点都没有收集到，但由于公司担心长时间劳动问题及未支付劳动者加班费的问题会被告发，反而出人意料地对事件进行了认真的问询调查（既然能做到这么认真的话，一开始就应该尽可能防止霸凌伤害），最后不仅承认了性骚扰的事实，还进行了道歉、赔偿，制定了防止问题再次发生的对策。

其次，对于受害者来说，广收证据也是他们理解自己受到的霸凌是在什么样的环境下发生的一个契机。哪怕当初只是对加害者个人心怀怨恨，但在亲眼看到无意妥善处理问题的经营者的丑恶嘴脸时，或者在重新客观审视严苛的劳动环境的过程中，他们也会注意到引发霸凌事件的职场机制。通过掌握职场机制，促使公司改善劳动条件，受害者即便不能恢复到原来的状态，其心灵的创伤也会得到一定程度的抚慰。

无论是霸凌还是其他劳动问题，仅靠自己一个人收集证据是很困难的。此外，如果是在找公司或上司咨询之后再收集证据的话，可能会由于加害者起了戒备之心而错失收集证据的机会。因此，笔者再次强烈建议大家首先找公司外部的劳动咨询窗口进行咨询。

辞职的不利之处

以上，是笔者关于在选择“向公司或上司咨询”之前，先“收集证据”的建议。至于另一个典型的选择“辞职”，笔者认为在这个选择之前也有值得商讨的地方。即“休假”这一选项。

当然，想要迅速离开发生霸凌的职场这一判断本身并没有错。受害者也没必要对辞职有罪恶感。霸凌的持续，可能会导致受害者精神受到伤害，或者让症状变得更加严重。精神健康一旦受到破坏，想要恢复并不容易。即便得到赔偿金和对方的道歉，也并不会很快就能治好。一旦精神崩溃，甚至连斗争的精力都会丧失。

但是，突然辞职也有其不好的地方。毕竟一旦辞职，就等于断了收入。也许有人会觉得，只要辞职后立刻找到新的工作，并且新工作劳动条件良好，自己能以良好的精神状态重新开始工作，即便工资有所降低也无所谓。然而，现实是很难找到好的用人单位，很多情况下只能找到比以前待遇更为恶劣的职场。由于断了收入，没有时间去慢慢找工作，最后很可能只得选择不符合自己期望的公司。

在辞职之前，先休假

基于上述原因，希望大家能考虑一下在辞职之前先请假休息的方案。想办法去医院取得诊断书，并请医生写上需要停职休息的意见，然后以此为依据向公司请假休息。也可以向相关部门申请健康保险的伤病补助金。如果连续停职4天以上，则从第4天起就可以成为补助金支付对象，虽然补助金额大约为原来工资的三分之二，但总比没有收入好得多。

需要注意的是，必须仔细阅读职场的相关工作规章制度，搞清楚可以休假的期限。因为如果超过了规定期限，则存在被当作离职来处理的风险。

休假期间能获得伤病补助金的话，即便中途离职了，也能持续领取最长一年半（条件是过去缴纳了一年以上的健康保险费）的补助金。在这期间，既可以找工作，也可以休养身心。

申请伤病补助金之后，还可以申请劳动灾害的停职补偿金。虽然得到认定的难度相当大，但一旦获得认定的话，即便离职后也能获得原工资80%的补助。另外，劳动灾害的认定还可以用来作为向公司申请损害赔偿的重要依据。

如果直接辞职，则不能领取健康保险的伤病补助金和劳动灾害的停职补偿金。“不再想与公司有任何瓜葛”的心情虽然可以理解，但也希望大家知道这将会失去你本应得到的东西。

是休假，还是收集证据

此刻，也许有人会产生疑问，即选择休假的话就难以收集证据了。但是，如果霸凌正在进行之中，为了收集证据而去公司上班，就意味着有可能遭遇更严重的霸凌。这种伤害日积月累后，对精神造成的创伤也会更加严重，可能会达到无法挽回的地步（虽然也有人可以通过成功收集证据，来降低精神上的痛苦）。对于接受咨询的一方来说，这也是很难做出抉择的问题。

关于证据的收集方法、休假的方法、补助金的领取方法，以及要优先考虑什么等，希望大家首先找公司外部的专家进行咨询。

结 语

我只是想安稳地工作而已，为什么要劝我把事情闹大、引起风波呢？难道就没有不对公司公开自己的姓名而得到救助的方法吗？——这些是笔者在接受与霸凌、骚扰相关的劳动咨询时，咨询者常常对我说的话。

或许有读者在阅读本书之后会持有同样的疑问，或者也有读者期待我们能向行政部门或政治家、公司提出令人满意的法律制度或对策方面的建言。

不过，本书所提出的是劳动者行使自身合法权利方面的“对策”。

不抱怨、忠实地按照公司要求工作，就会有人替我们来管制霸凌，为我们提供安稳的工作方式吗？我想，正是因为大家觉得国家、公司会想办法为我们解决问题而把希望寄托在别人身上，才导致了现在的这种状况出现的吧。

虽然从日本的历史来看简直难以想象，但在资本主义普及以前，全世界大部分国家，其生产的“主人公”并不是经营者，而是劳动者。要花多长的劳动时间、以什么样的质量生产出社会需要的东西，都是由劳动者们自己决定的。

但是，经营者为了追求利益，不断对劳动者进行打压，逼迫他们按照命令工作，不让他们对生产方式和劳动条件有怨言。通过让工作变得单一化，不给劳动者以思考的余地，剥夺了他们的生产主导权，不断地让他们从属于经营者。在现在的日本，这种资本主义规则已全面覆盖职场和社会，浸染了人们的意识，并最终使得霸凌到处蔓延。

劳动者们能够自主地思考工作的内容和方式。也能够通过工作更多地帮助他人，致力于社会性课题，追求“平等”和“社会正义”。人类生活所必不可少的家务、育儿、照顾老人等“护理”类工作，应该大家携手合作互相帮扶，而不是让少数劳动者在恶劣的劳动环境下承担全部责任。为了建立这样的社会，世界各地的有志之士在不断地开展各种各样的社会运动。

希望大家能够认识到，现在这种残酷的状况不是由霸凌和骚扰直接造成的，而是资本主义社会的归宿，是经营者们的责任，我们应该将这种苦闷和愤怒指向“正确的”方向。为此，人们应该一起发声。

我衷心希望本书能成为迈向这种行动的第一步。

最后，我想说的是，正是因为有来NPO法人机构POSSE和来综合支援联合工会咨询的劳动者们的发声，以及负责接待劳动咨询的员工们日复一日的工作下形成的庞大记录，还有在困难中仍坚持发声的联合工会的伙伴们的斗争，笔者才得以执笔写成此书。此外，本书在写作过程中也得到了NPO法人POSSE代表今野晴贵先生的宝贵建议。在此，一并深表感谢。

在本书写作进度迟于预定计划的情况下，讲谈社的西川浩史先生从策划到完稿给予了我耐心的支持和周到的建言，在此也表示衷心感谢。

主要参考文献

今野晴贵:《黑心企业：吃垮日本的妖怪》，文春新书，2012

今野晴贵:《黑心企业2:“虐待型管理”的真相》，文春新书，2015

今野晴贵:《黑心企业的生意》，朝日新书，2013

今野晴贵:《黑色零工：学生的危险境地》，岩波新书，2016

今野晴贵:《日本的“劳动”为何违法行为横行无阻?》，星海社新书，2013

今野晴贵:《罢工2.0：与黑心企业斗争的武器》，集英社新书，2020

今野晴贵:《挣工资劳动的系谱学：从福特主义走向数字封建制》，青土社，2021

梁英圣:《何谓日本式仇恨言论：破坏社会的种族主义的登场》，影书房，2016

梁英圣：《何谓种族主义》，筑摩新书，2020

玛丽-弗朗斯·伊里戈扬：《精神霸凌伤害了人和公司》，纪伊国屋书店，2003

木下武男：《挑战格差社会的联合工会：21世纪劳动运动原论》，花传社，2007

木下武男：《何谓劳动工会》，岩波新书，2021

小林美希：《保育崩溃》，岩波新书，2015

小林美希：《保育格差》，岩波新书，2018

小林美希：《中年自由职业者》，NHK出版新书，2018

熊泽诚：《民主主义止步于工厂门前（新编）》，现代教养文库，1993

熊泽诚：《日本的劳动者形象（新编）》，筑摩学艺文库，1993

熊泽诚：《日本式经营的明暗》，筑摩学艺文库，1998

熊泽诚：《能力主义与企业社会》，岩波新书，1997

岩波明：《发育障碍》，文春新书，2017

岩波明：《成年人的ADHD》，筑摩新书，2015

中岛美铃：《或许我是成年ADHD患者？》，光文社新书，2018

佐佐木隆治：《卡尔·马克思：反抗“资本主义”的社会思想家》，筑摩新书，2016

佐佐木隆治：《马克思：资本论》，角川选书，2018